D1551324

SER
HACER
Y TENER

SER
HACER
Y TENER

MICHEL DOMIT

¡Atrévete a cambiar tu vida hoy!

EDITORIAL DIANA
MEXICO

1a. Edición, Enero de 1991
19a. Impresión, Noviembre del 2001

ISBN 968-13-2086-7

*A quien supo guiarme con sabiduría
y paciencia sin cortar mis alas: mi madre.
Y a quienes continúan dando aliento
a mi libertad creativa, aun a costa de
sus sacrificios: mi esposa y mis hijos.*

Contenido

Agradecimientos

Mil gracias a quienes compartieron conmigo su sabiduría, dándome un poco de su luz para ver con mayor claridad el sendero. La llama de cada uno de ellos se fundió con las otras. Hoy, algo de esa luz queda plasmada en estas letras, que aspiran a iluminar otros caminos. Y gracias también a ti, pues siempre he pensado que la identificación que se establece en la relación autor-lector y lector-autor, rompiendo la barrera del tiempo y del espacio, es una de las relaciones más bellas y completas que podemos entablar.

Hoy te expreso mi gratitud por permitirme establecer este contacto contigo, en este momento preciso, y a través de estas palabras que portan un mensaje en su esencia y que únicamente requieren de tu atención y la mía, tu *Ser* y mi *Ser*. Ojalá que la naturaleza de estas reflexiones logre alterar el curso de tu vida, enriqueciéndola, como lo hizo con la mía.

A la doctora Rosa Argentina Rivas Lacayo, excelente amiga y maestra, doy las gracias por su participación en este trabajo. A María de Jesús Nuño Díaz, mi reconocimiento por su invaluable ayuda en la recopilación y ordenamiento del material.

9

Agradezco asimismo a Chara Gavaldón por insistir en la búsqueda de la excelencia; a Ana María Maqueo muy especialmente por su cariño, amistad, consejo sabio y, en general, por su inapreciable ayuda; así como a todos los que hicieron posible que se publicara esta obra.

Prólogo

Este libro intenta acercarse a la esencia de algunas de las causas de nuestra problemática individual en Occidente. A lo largo de sus páginas, nos proponemos demostrar que en la época actual el esquema de realidad se ha encauzado hacia todo aquello que se puede ver, oír y tocar, esto es, hacia el mundo físicamente demostrable, provocando que el individuo sufra la pérdida de su referencia sobre quién es en realidad y hacia dónde se dirige.

En esta obra se plantea una transformación fundamental en el esquema de prioridades del individuo al cambiar lo que se asume en términos generales como el orden actual de prioridades, relacionadas de la siguiente manera:

1) *Tener*
2) *Hacer*
3) *Ser*

por un orden encaminado más a la esencia y a lo infinito:

1) *Ser*
2) *Hacer*
3) *Tener*

Aunque estas tres palabras parecen simples y sencillas, cuando alteramos su orden de prioridad podemos cambiar todo nuestro esquema de vida y enriquecernos en forma notable, como individuos y como grupo social, en un proceso que dejará atrás una buena parte de la problemática que nos aqueja hoy en día.

Podemos considerar esta obra como un puente entre las filosofías orientales y las occidentales, entre el mundo del espíritu y el de la materia.

Ser, Hacer y Tener constituye una especie de manual a través del cual el lector analizará profundamente su esquema de vida actual, lo cual le permitirá advertir cuáles son los elementos que le impiden vivir plenamente y desarrollar al máximo su potencial.

Es, a la vez, una guía práctica y constructiva para que el lector logre trazarse un plan de vida nuevo, con puntos de verificación, que le permitan revisar de manera permanente sus avances y desviaciones.

La lectura de esta obra carece de sentido si el lector no está abierto a la posibilidad de un cambio radical en su vida y, sobre todo, si no se halla dispuesto a cuestionarse con sinceridad y desde su raíz los valores morales y espirituales que actualmente norman su vida.

Es por ello que este libro no se dirige a toda la gente, sino a aquellas personas que viven su vida con intensidad y buscan superarse en todo momento y en cada oportunidad.

Metodología

Nos encontramos frente a una obra especial y diferente. Sus palabras no valen por sí mismas, sino que adquieren su valor en la medida en que el lector reflexiona, responde a las preguntas, saca sus conclusiones y, finalmente, traza su plan de objetivos en el *Ser,* en el *Hacer* y en el *Tener.*

Te pido que leas su contenido sólo si tienes el tiempo suficiente para poder detenerte frecuentemente y meditar en lo que se plantea, pues la obra pretende ser un motivo constante de reflexión profunda y no una lectura de tipo convencional, por lo que no es recomendable leerla en forma apresurada.

Cada libro produce un efecto diferente en sus diversos lectores; esta obra, pues, resultará más reveladora para algunas personas, dependiendo en gran medida del tiempo que se dediquen a reflexionar en cada pregunta y, en especial, de su capacidad y voluntad de imaginar la situación propuesta en el ejercicio *Vida limitada.*

Dentro de la metodología que se sigue en la obra existen preguntas a las que es importante responder con detenimiento y profundidad, ya que por medio de ellas se pretende crear un mayor grado de conciencia y análisis en el lector, con el objeto de que él mismo pueda obtener sus conclusiones en cada punto.

Las preguntas tienen una secuencia. Por eso es necesario que siempre tengas a mano con qué escribir y que anotes todas tus respuestas, procurando que sean lo más extensas y detalladas que te sea posible, con la finalidad de que logres sacar el mayor provecho de tu autoanálisis, al permitir que afloren tus sentimientos y pensamientos profundos. Es recomendable emplear un cuaderno dedicado especialmente para este trabajo.

El anotar tus respuestas será una herramienta importante: permitirá que éstas adquieran una forma más concreta, adecuada y total. Por ello, te pido que me permitas insistir en algo que ya se ha dicho: debes contestar por escrito, esto es de suma importancia para lograr que tus emociones surjan en tus respuestas. No te preocupes si se trata de una pregunta que ya te has formulado antes y cuya respuesta conoces. Escríbela de todas maneras y anota tus sentimientos, aunque pueda parecerte poco útil. Más adelante comprenderás el gran valor que esto tiene; vence la posible pereza o resistencia que puedas experimentar y deja fluir tu respuesta en el papel. Lo que escribas será de gran trascendencia en el proceso posterior de tu planeación personal.

Es igualmente fundamental que al responder no lo hagas sólo empleando la razón, sino que trates de analizar cómo reacciona tu interior y anotes tanto lo que piensas como lo que *sientes* frente a la pregunta. Por ejemplo, ¿sientes angustia?, ¿alegría?, ¿odio?, ¿furia?... Una vez que lo hayas definido, trata de descubrir la razón por la que experimentas ese sentimiento; cuál es la causa y por qué esta pregunta dispara en ti esa sensación. Analiza cuál es su origen. Anota también las causas. Escribe todo lo que consideres importante para ti, que haya surgido mientras leías o reflexionabas; estos pensamientos pueden resultar una clave para tus conclusiones finales.

Te sugiero que lleves a cabo fielmente los siguientes pasos cada vez que te encuentres con una pregunta; hacerlo permitirá que obtengas un resultado óptimo de tus respuestas.

1) LEE la pregunta. Una vez leída, reléela con detenimiento y atención, permitiendo que al repetirla mentalmente afloren ideas y sentimientos. Mientras más tiempo dediques a la lectura de una pregunta y más veces la releas, mayor oportunidad darás de aparecer y concretarse a tus sentimientos e ideas.

2) REFLEXIONA por un momento cerrando los ojos para evitar cualquier distracción y poder adentrarte profundamente en tus sentimientos.

3) ANOTA tu respuesta y amplíala cuanto te sea posible. No trates de resumir ni de sintetizar: permite que tu respuesta fluya en toda su extensión.

4) CONTINÚA sólo cuando estés totalmente satisfecho con tu respuesta. No dejes ninguna pregunta sin responder por escrito.

En ocasiones encontrarás las siglas **LRA**, que estarán ahí para recordarte: Lee (y relee), Reflexiona (con los ojos cerrados) y Anota.

Seguir adecuadamente esta metodología puede contribuir a realizar un análisis más profundo a nivel de pensamientos e ideas y, sobre todo, a nivel de sentimientos.

La vida es sueño

Cuando me enfrenté a la abrumadora realidad de los efectos causados por el terremoto en la ciudad de México el 19 de septiembre de 1985; cuando advertí que muchos miles de personas se hallaban atrapadas bajo los escombros de lo que antes fueran edificios; cuando, al intentar el rescate de las víctimas, compartí la desesperación de la gente que se quejaba o gritaba bajo los bloques de concreto, y vi lo lentamente que podíamos avanzar, la cantidad de horas que empleábamos en remover una losa, con la plena conciencia de que la persona podría morir en cualquier momento; cuando viví tan de cerca la muerte, la desgracia, el abatimiento y las pérdidas materiales que sufrieron todas estas personas, comprendí que yo pude haber quedado así, enterrado para siempre, y que toda mi vida y mi futuro habrían podido terminar ahí, sepultados. Entonces me di cuenta de que la vida es prestada y de que tenemos que vivir intensamente cada instante como si fuera el último de nuestra vida. Supe también que todo lo que poseemos es circunstancial y fugaz y que puede cambiar o ser destruido en un segundo. Un fenómeno meteorológico, un accidente doméstico, una guerra o cualquier otra cosa semejante bastan para demostrarnos lo pequeño e indefenso que es el hombre frente a las fuerzas naturales.

Al ver cómo millones de personas dejaron todo– trabajo, compromisos, familia– para ayudar a sus semejantes; al constatar que gente habitualmente frívola y egoísta, incluso avara, se deshacía de sus pertenencias para contribuir en beneficio de estas víctimas destrozadas, que perdieron en un instante casa, familia, cariño, seguridad; al ver al mundo entero voltear los ojos hacia México y enviar aviones cargados de medicinas y auxilios diversos para estas personas en desgracia, comprendí con mayor claridad las palabras de Calderón de la Barca en *La vida es sueño:*

> *...que el vivir sólo es soñar;*
> *y la experiencia me enseña*
> *que el hombre que vive sueña*
> *lo que es hasta dispertar.*
> *Sueña el rey que es rey, y vive*
> *con este engaño mandando,*
> *disponiendo y gobernando;*
> *y este aplauso, que recibe*
> *prestado, en el viento escribe,*
> *y en cenizas le convierte*
> *la muerte (¡desdicha fuerte!);*
> *¡que hay quien intente reinar*
> *viendo que ha de dispertar*
> *en el sueño de la muerte!*
> *Sueña el rico en su riqueza*
> *que más cuidados le ofrece;*
> *sueña el pobre que padece*
> *su miseria y su pobreza;*
> *sueña el que a medrar empieza,*
> *sueña el que afana y pretende,*
> *sueña el que agravia y ofende;*
> *y en el mundo, en conclusión,*
> *todos sueñan lo que son,*

aunque ninguno lo entiende.(...)
¿Qué es la vida? Un frenesí.
¿Qué es la vida? Una ilusión,
una sombra, una ficción
y el mayor bien es pequeño;
que toda la vida es sueño,
y los sueños, sueños son.

Esta inquietud sobre la fugacidad de la vida, sobre lo efímero de nuestra existencia sobre la tierra ha sido una presencia constante en las literaturas de todos los tiempos y lugares. Oigamos las voces de los poetas aztecas en torno a esta misma preocupación:

Sólo venimos a dormir,
sólo venimos a soñar:
¡No es verdad, no es verdad
que venimos a vivir en la tierra!
Como hierba en cada primavera
nos vamos convirtiendo:
está reverdecido, echa sus brotes,
nuestro corazón.
Algunas flores produce nuestro cuerpo
y por allá queda marchito.

Anónimo

¿Es verdad, es verdad que se vive en la tierra?
¡No para siempre aquí: un momento en la tierra!
Si es jade, se hace astillas,
si es oro, se destruye;
si es un plumaje de quetzal, se rasga.
¡No para siempre aquí: un momento en la tierra!

Nezahualcóyotl

Coincidimos con los poetas: la vida es un sueño. Soñamos que somos poderosos, que ganamos más territorio, más estatus, más poder, que tenemos una posición más alta y, en esta ilusión, sin darnos cuenta muchas veces, perjudicamos a nuestros semejantes. Resulta inconcebible pensar que tengamos que sufrir una catástrofe para lograr ver con claridad que todo lo que poseemos –nuestro trabajo, nuestra casa, nuestro automóvil, nuestra familia, nuestros miembros e, incluso, nuestra vida misma– puede perderse en un instante. Increíble es también que tengamos que enfrentarnos a un contacto tan cercano con la muerte para darnos cuenta de que ninguna de las cosas que poseemos, ganadas muchas veces con dolor y sacrificio, nos llevaremos con nosotros, pues son tan sólo producto de un sueño finito, no eterno. Pero, sobre todo, es inconcebible que tenga que ocurrir una catástrofe de semejante magnitud para que hagamos a un lado nuestra avaricia, nuestros odios y rencores, nuestras diferencias con los demás. ¡Qué lástima que tenga que suceder algo así para que nos acerquemos unos a otros, y seamos uno solo, mano con mano, hombro con hombro, y olvidemos por unos instantes al menos lo supuestamente *nuestro*!

Sin embargo, es verdad que las catástrofes logran producir cambios radicales en nosotros. Por ejemplo: si al mundo entero en este momento se le informara con pruebas irrefutables, sin que quedara duda alguna, que tan sólo le queda un mes de vida puesto que el planeta explotará en ese periodo, ¿crees tú que los gobiernos continuarían sus guerras?, ¿piensas que los países intentarían ganar nuevos territorios?, ¿supones que seguirían luchando desesperadamente por conservar, e incluso aumentar, su poderío? Seguramente no. Si se tuviera la absoluta seguridad de que en el lapso de un mes desaparecería el planeta, la actividad del mundo cambiaría por completo. Tal y como sucedió en México en septiembre de 1985, todos intentarían unirse, brindarse ayuda y prepararse para enfrentar la catástrofe como hermanos. Quizá la vida de todos los seres humanos se transformaría totalmente, lo mismo que la de sus gobernantes. Tal vez ya no se dedicarían a fabricar armas, ni a sostener guerras, ni a construir bombas atómicas, porque carecería de sentido.

Veamos otro ejemplo: el vivir la muerte de una persona cercana a nosotros nos hace reflexionar y, en ocasiones, llega incluso a cambiar nuestra forma de vida. El enfrentamiento con la muerte nos permite comprender la sentencia bíblica: "Polvo eres y en polvo te convertirás". ¿Cuántos de nosotros vamos por la vida sin conciencia alguna de que un día desaparecerán nuestros cuerpos? ¿Cuántos de nosotros vivimos tan absortos en la rutina de la vida, sin querer darnos tiempo para pensar en lo que somos, adónde vamos, de dónde venimos o cuál será el final de nuestro recorrido?

Toda vida sobre la faz de la tierra tiene un final. Tarde o temprano hemos de morir, unos antes, otros después, pero sin lugar a dudas algún día nos tocará. Sin embargo, tendemos por naturaleza a evitar pensar en esta situación; damos por hecho que la vida nos pertenece y que se prolongará por mucho, mucho tiempo. Cuando alguien muere no nos queremos percatar de que nosotros también podemos morir hoy o mañana.

Por todo esto, hoy te invito a cambiar de actitud y te pido que me permitas introducirte a un ejercicio titulado *Vida limitada*, que te enfrentará con una situación particular, en la cual imaginarás que tu vida está limitada a un breve lapso de tiempo, un mes cuando mucho.

Sé que esta idea puede resultar desagradable para ti, ya que tu subconsciente y tu instinto de supervivencia podrían sentirse amenazados; sin embargo, el hecho de encarar una situación tan poco común como ésta puede ser el motor de grandes cambios en tu vida, pues de alguna manera el alterar repentina y tajantemente tus expectativas y esquemas de vida, te obligará a razonar y a reevaluar tanto tus creencias como las prioridades que rigen tu vida diaria, produciendo cambios importantes en ella.

Dada la natural resistencia del instinto de supervivencia a creer el supuesto de que te queda tan sólo un mes de vida, quiero pedirte que utilices al máximo tu imaginación para conseguir el resultado que se desea. Con el fin de que obtengas un mayor provecho del ejercicio, es importante que te convenzas a fondo del hecho de que solamente te queda un mes de vida. Trata de explotar al máximo tus facultades de actor y representa tu papel, creyéndolo como si fuera la verdad. Por favor, haz un verdadero esfuerzo para hacer tuyo este papel.

Piensa que las víctimas del terremoto de 1985 nunca hubieran creído posible que les quedara tan poco tiempo de vida, jamás lo imaginaron siquiera. Esto mismo le sucede a un gran número de personas que muere casi sin darse cuenta, sin jamás haber reflexionado sobre este momento tan trascendente; posiblemente si alguien les hubiera asegurado que morirían en unas horas o en unos días, no lo hubieran creído. Y sin embargo, murieron.

Después de todo, no es imposible que nos quede poco tiempo de vida, ¿no es verdad? ¿O podrías tú asegurar lo contrario?

Te pido, entonces, que venzas todo temor, que creas y actúes con convicción la situación que se ha propuesto. Una vez terminado el ejercicio, te verás nuevamente gozando de perfecta salud y deseando alcanzar una gran longevidad.

Advertirás que con frecuencia –durante el ejercicio y posteriormente– te pediré que cierres los ojos. Esto se hace con el objeto de facilitar el proceso que te permitirá imaginar las situaciones y aislarte de posibles distractores. En términos generales, con los ojos cerrados podemos concentrarnos mejor para imaginar y recrear situaciones con mayor claridad.

Ten confianza, por favor, y cree en mí: este ejercicio puede cambiar el curso de tu vida. Es posible que mientras lo hagas te pueda parecer inútil; no te preocupes, tal vez sea un efecto subconsciente. Llévalo a cabo hasta su máxima expresión, convenciéndote a ti mismo del brevísimo tiempo de vida que te queda.

Vida limitada
Ejercicio de carácter imaginativo

Busca un sitio cómodo y tranquilo, en donde nadie te interrumpa ni te moleste.

A lo largo del presente ejercicio encontrarás una serie de preguntas. Respóndelas con la metodología ya mencionada. Empieza con la primera pregunta y *no continúes con la siguiente hasta estar satisfecho de tu respuesta escrita*. Para responder las preguntas del ejercicio puedes tardar minutos, horas o días. Por favor, toma tu tiempo, no te apresures, de esto dependerá en gran medida el provecho que puedas obtener de él y de todo el libro. Recuerda, puede incluso tomarte varios días el contestar. Te aseguro que no te arrepentirás del tiempo invertido en hacerlo.

Ahora cierra los ojos durante tres minutos más o menos, tratando de poner tu mente en blanco sin pensar en nada específico. Puedes simplemente concentrarte en tu respiración.

Cuando lo hayas hecho continúa con la lectura.

A continuación evoca y visualiza el momento en que te enteras de que te queda sólo un mes de vida. Imagínalo y recuerda que podría ser posible en la realidad. Convéncete a ti mismo de que sólo te queda un mes de vida. Cierra los ojos y recrea esa situación.

Reproduce mentalmente una escena en la que tu médico te entrega unos análisis que muestran con toda claridad que no podrás vivir más de un mes, ya que padeces una enfermedad mortal e irreversible. Cierra los ojos e imagínalo, permitiendo que se manifiesten nuevos sentimientos en ti, causados por esa situación. Forja esas imágenes y repasa todo el hecho.

Imagina la expresión de la cara del médico cuando, apenado y triste, te comunica los resultados de los análisis: "Lamento mucho darle esta terrible noticia, pero considero que tiene usted el derecho de saberlo. Desgraciadamente los análisis muestran que le queda a usted un periodo corto de vida, tal vez un mes; es lamentable que en esta área la medicina se encuentre aún poco avanzada y..."

Visualiza y repasa una y otra vez esta situación hasta que logres vivirla y verla con imágenes claras y te sientas inmerso en ella. No sigas leyendo si no has logrado esto; no importa el tiempo que te lleve, tienes que estar totalmente convencido de que tan sólo podrás vivir un mes más, como máximo. Es de suma importancia que logres asimilar y asumir esta situación. Ahora cierra los ojos e imagínala una vez más.

Si ya estás convencido de experimentar lo que se te pide, continúa. Si no, esfuérzate todavía más para lograrlo. Cuando lo hayas hecho contesta una por una las siguientes preguntas:

- ¿Qué sensación tienes? **LRA**...
- ¿Qué piensas? **LRA**...
- ¿Cómo lo tomas? **LRA**...
- ¿Cuál es tu reacción? **LRA**...

Anota todo, toma tu tiempo.

A continuación reflexiona sobre todo lo anterior. ¿Hay algo que te preocupe? Escríbelo. Haz un esfuerzo adicional para convencerte de la veracidad de la situación. Piensa que, aunque tu instinto de conservación te diga lo contrario, ya estás prácticamente muerto, pues sólo te quedan como máximo treinta días de vida. Cierra los ojos y convéncete de ello; después de todo podría ser posible, ¿no es así? A partir de este momento tú y yo sabemos que ya sólo te restan treinta días de vida y así lo asumiremos. Piensa que es probable que empieces a perder peso, salud, bienestar y, lo peor de todo, lucidez; aunque quizá, si corres con suerte, esto ocurrirá casi al final. ¿Qué sientes al respecto? ¿Qué piensas? Cierra los ojos y analízalo. Escríbelo después. Toma tu tiempo, trata de que tus respuestas sean muy explícitas y detalladas.

Puesto que sólo cuentas con un mes de vida, piensa con todo detenimiento, ya que aún tienes inteligencia y claridad mental:

- ¿Qué te gustaría hacer cada uno de los días de este mes?
- ¿Qué harás con cada día, cada hora y cada minuto del mes que te queda de vida? **LRA**...

Cierra de nuevo los ojos y planea con sumo cuidado lo que harás en este mes. Toma tu tiempo, analízalo profundamente y anota con todo detalle las sensaciones y las respuestas que surjan de cada cuestión. Estas preguntas son muy importantes en relación con el resto del libro.

Te pido ahora que cierres los ojos otra vez y te preguntes si te gustaría hacer algo más, algo que tuviste muchas ganas de realizar pero no encontraste el tiempo para ello. **LRA**...

• ¿Seguirás planeando tus días exactamente como lo hiciste hasta ahora? **LRA**...

• ¿Continuarás con tu rutina diaria sin cambiarla en lo absoluto? **LRA**...

Pocas veces tenemos la oportunidad de detenernos a pensar y de interrogarnos a fondo sobre estas cuestiones. Es por ello que te pido la máxima reflexión y profundidad en la lectura de estas primeras páginas. Es importante que no continúes con la siguiente serie de preguntas hasta que no tengas una respuesta clara para cada una de las cuestiones anteriores. Trata de que tu respuesta sea lo más extensa posible, cuanto más escribas mejor comprenderás. Recuerda que no sólo debes anotar lo que piensas, sino también lo que sientes, es decir, las diversas emociones que te produzcan las preguntas, sea temor, alegría o tristeza; odio, amor, rencor; angustia, etcétera.

Ahora pregúntate:

- ¿Qué harás en relación con tu familia?
- ¿Y en relación con cada uno de sus miembros?
- ¿Los verás con más frecuencia?
- ¿Desearás estar más tiempo con ellos?
- ¿Te propondrás comunicarles algo que hasta ahora no les has dicho y que consideras importante decir antes de tu muerte? (Lee y relee, reflexiona y anota.)

- ¿Seguirás trabajando todo el día hasta el agotamiento con el objeto de ganar más dinero?
- ¿Qué harás con tu trabajo?
- ¿Lo dejarás en manos de otras personas?
- ¿Simplemente no te preocuparás más por eso?
- ¿Qué pasará con tus proyectos inconclusos? **LRA**...

(Si ya has dado respuesta a cada una de las preguntas anteriores, continúa.)

- ¿Y qué harás con tus pertenencias?
- ¿Qué harás con cada una de tus cosas, tu ropa, tus muebles, tu casa?
- ¿Qué harás con todo lo que tienes? **LRA**...

- ¿Lo regalarás?
- ¿A quién se lo darás?
- ¿Hay alguien que lo merezca?
- Al regalar tus pertenencias, ¿ocasionarás problemas?, ¿crearás envidias? **LRA**...

- ¿Te llevarás contigo todo lo que has logrado reunir?
- ¿Exactamente qué conservarás de todo lo que tienes? **LRA**...

(No continúes si no tienes una respuesta precisa. Es de suma importancia que respondas esta pregunta aunque te tome tiempo reflexionar y enumerar.)

- ¿Y si no te puedes llevar nada contigo? ¿Habrá valido la pena tanto esfuerzo, dedicación y sacrificio para poseerlo? **LRA**...

- ¿Qué harás contigo mismo?
- ¿Qué harás con tu conciencia?
- ¿Estás tranquilo con la forma en que has vivido?
- ¿Te gustaría cambiar algo de lo que has vivido o has hecho? **LRA**...

- ¿Anularías, si pudieras, algunos pasajes de tu vida anterior?
- ¿Te arrepentirías de algo?
- ¿De qué concretamente? **LRA**...

(Trata de hacer una lista que incluya desde asuntos que puedan parecer triviales hasta cuestiones muy importantes.)

- ¿Y a tu cuerpo qué le dirías? ¿Le reclamarías por tu falta de salud? **LRA**...

- ¿Cómo lo trataste?
- ¿Mereces que te haga esto?
- ¿Lo alimentaste con productos seleccionados para su nutrición o lo descuidaste dándole cualquier cosa?
- ¿Le hacías revisiones periódicas, cuando menos una vez al año?
- ¿Le permitías descansar lo que él necesitaba?
- ¿Lo ejercitabas todos los días para mantener a tono sus músculos?
- ¿Lo mimabas y lo consentías de vez en cuando?
- ¿Le puedes reclamar tú a él o él a ti? **LRA**...

- Y tu sensibilidad, ¿la desarrollaste al máximo?
- ¿Te permitiste sentir y vibrar con las cosas bellas?
- ¿O estabas ocupado con otros asuntos?
- ¿Con qué frecuencia nutrías tu sensibilidad con buenas lecturas, conciertos, exposiciones de pintura o escultura, danza, etcétera? **LRA**...

- ¿Cultivaste tu espíritu?
- ¿Lo alimentaste?
- ¿Le diste el tiempo suficiente, los diarios momentos de quietud para que te transmitiera su riqueza interior? **LRA**...

- ¿Y qué fue de los talentos que Dios te dio?
- ¿Qué sucedió con tu bondad?
- ¿Y con tu creatividad?
- ¿Con tu alegría?
- ¿Con tu capacidad de liderazgo y con tantas virtudes más?
- ¿Los desarrollaste al máximo o se quedaron sin aprovechar en su totalidad? **LRA**...
- ¿Y qué hiciste de tus deseos de ayudar a los demás? ¿Lo suficiente? **LRA**...

- Ahora que vas a morir, ¿te gustaría reflexionar más profundamente, tener momentos de soledad para meditar sobre ti mismo? En concreto, ¿qué cambiarías en estos treinta días que te quedan de vida? ¿Qué te gustaría hacer en forma diferente de lo que haces hoy? **LRA**...

(Tu respuesta a esta pregunta es de suma importancia para el análisis posterior. Por favor, enumera una por una las distintas cosas que harías.)

- ¿Qué otros cambios realizarías en tu vida?

(No continúes con el siguiente capítulo hasta que hayas terminado de responder todas las preguntas anteriores. Si a lo largo de tus reflexiones surgieran otras interrogantes u observaciones, escríbelas.)

Una vez anotadas las respuestas y las nuevas preguntas o pensamientos que se hayan presentado, te pido que canceles la idea de que morirás antes de un mes y que te veas a ti mismo en perfecto estado de salud, viviendo muchos, muchos años más hasta alcanzar la vejez en que morirás de muerte natural, sin accidente ni enfermedad, que es como todos deberíamos morir.

(Cierra los ojos e imagínalo. No sigas adelante hasta haber logrado esta ilusión.)

Ahora siente cada uno de los sistemas de tu cuerpo en perfecto estado de salud: circulatorio, respiratorio, digestivo, nervioso, etcétera.

(Cierra los ojos y recrea el perfecto funcionamiento de tu cuerpo, sistema por sistema.)

Si ya lo conseguiste, imagina ahora los principales órganos de cada sistema en óptimo estado. Por ejemplo,

31

del sistema digestivo: el estómago, los intestinos delgado y grueso, y todos los demás órganos que lo forman.

Vete a ti mismo gozando siempre de salud, alegría y bienestar, en todos sentidos.

(No continúes hasta que lo hayas logrado.)

Agradezco tu esfuerzo y tu colaboración.

Empacando

Y tú, ¿qué decidiste hacer este mes ante la idea de la muerte? ¿Qué te dispones a cambiar en tu vida? ¿Seguirás haciendo lo mismo que antes o introducirás cambios fundamentales? Es probable que al enfrentarnos con la muerte muchas cosas que hacemos todos los días pierdan su sentido, al tiempo que otras aparentemente vanales en la vida diaria se vuelvan importantes.

Si en realidad lograste convencerte a ti mismo de que te quedaban sólo treinta días de vida, es probable que hayas deseado algunos cambios. Anótalos y analízalos con detenimiento, pues en ellos está la clave simbólica de factores muy importantes para ti; es precisamente en estos cambios en donde se manifiestan las necesidades más profundas e insatisfechas de tu ser interior: aquellas que parecen no tener importancia como el decir te quiero, o pedir perdón, o dedicar más tiempo a la convivencia con los seres queridos, o dárselo a uno mismo, a nuestra alma, a nuestro espíritu; perdonar a alguien, hacer una confesión... Estas supuestas insignificancias encierran muchas veces el anhelo más profundo de nuestro ser por manifestarse en toda su expresión; pero dadas nuestras múltiples ocupaciones no nos damos tiempo y vivimos relegando estas necesidades a un plano secundario. De ahí la enorme importancia de comprender qué cosas nos gustaría cambiar antes de morir, por qué y cómo nos gustaría cambiarlas.

Con el objeto de que todo esto resulte de utilidad para nosotros, será primordial integrar a nuestro futuro todas esas conclusiones, y lograr así desarrollarnos en una forma más íntegra y equilibrada. Esto significa, claro está, enfrentar el cambio radical que debe producirse dentro de nosotros al darnos cuenta de las cosas que debemos corregir.

Es fundamental que conserves todo lo que has escrito hasta ahora y lo releas detenida y profundamente cuando llegues al momento de elaborar tu plan de vida. Pon especial atención en las sensaciones que experimentaste; pregúntate por qué tuviste esa emoción, qué te produjo y qué hay detrás de ella. Por ejemplo, si tuviste sentimiento de angustia, probablemente éste encierra un miedo; es muy importante que indagues a qué obedece ese miedo, que lo erradiques o lo venzas, ya que no lo debes llevar en tu subconsciente. Si sentiste tristeza, tal vez se refiera a una cierta frustración, quizá por algo que no pudiste hacer o por cualquier otra causa. Es necesario que encuentres el origen de cada sensación y lo analices; busca aquellas cosas prácticas que debas realizar para erradicar esos sentimientos de tu subconsciente, ya que sin duda alguna influyen en tu vida. Por lo regular todos esos sentimientos provienen de la falta de oportunidades de manifestarse que tiene nuestro *Ser* más profundo. Más adelante esclareceremos el significado del *Ser* y sus implicaciones.

Uno de los propósitos de enfrentarte a la muerte en el ejercicio anterior, fue el de hacerte razonar y sentir más intensamente que en esta vida estamos sólo de paso.

En realidad, al morir dejaremos este cuerpo y pasaremos a otro plano o dimensión. Es ya lugar común en la ciencia la afirmación: "la energía no se crea ni se destruye, sólo se transforma". La metamorfosis energética que se produce al morir puede realizarse con o sin conciencia. Sin embargo, es confiable la teoría que sostiene que sucede en forma consciente y, de hecho, cada día se corrobora más en el plano científico. Por otra parte, existe un buen número de testimonios de personas que murieron –se comprobó clínicamente que carecían de signos vitales– y, por algún motivo, volvieron a la vida; en ellos, estas personas relatan experiencias maravillosas y extraordinarias, como el haber visto una luz divina y haberse encontrado con seres queridos. Casi todos los que han vivido esta experiencia la describen como sumamente agradable y bella, excepto aquellos que intentaron el suicidio. La información sobre este asunto es muy interesante y puede conocerse con mayores detalles en la obra *Vida después de la muerte*, donde E. Moody relata la experiencia obtenida de varios de esos casos.

Se sabe también que al morir, el cuerpo de la persona pierde cierto peso. Por ejemplo, el médico sueco Nils Olof Jacobson asegura que el cuerpo pierde 21 gramos, que corresponderían al peso del alma. Para determinar lo anterior este científico observó la evolución de muchos moribundos y muertos tendidos en camas que eran, a la vez, básculas de extrema precisión. El doctor Jacobson afirma que el cuerpo pierde bruscamente 21 gramos en el momento preciso del fallecimiento, sin tomar en cuenta la pérdida normal de peso, correspondiente a la transpiración que sufren las personas en esas condiciones.

Para aquellos que tengan dudas sobre la inmortalidad del espíritu, valdría la pena que reflexionaran sobre lo que sucede cuando ocurre la muerte; es decir, si el cerebro y todos los órganos del cuerpo están ahí, ¿qué es lo que falta y adónde se fue? Podríamos valernos de un símil: ¿adónde va la energía de una batería descargada? La única diferencia entre una batería cargada y otra descargada está en que a una de ellas le falta la energía. Si volvemos a la afirmación científica que dice que la energía ni se crea ni se destruye, podemos preguntarnos en dónde está. Vemos una gran similitud entre el cuerpo vivo y el muerto, ¿en dónde está la energía –el alma– que abandonó a ese cuerpo?

Cuando, en el caso de un paro cardiaco, el paciente es sometido a las adecuadas maniobras de resucitación, es posible "volverlo a la vida", siempre y cuando no hayan transcurrido más de siete minutos, aproximadamente.

Podemos preguntarnos, entonces, ¿este hombre había muerto? ¿Su alma, su energía lo habían abandonado?

Es muy importante comprender que la vida no termina al morir, pues esto influye inconscientemente en el enfoque que damos a nuestra vida. Si tienes dudas al respecto, te sugiero que profundices con algunas lecturas sobre el tema, ya que esta obra no pretende demostrar la validez de esta afirmación, aunque sí la considera importante para llevar a cabo la planeación adecuada de la vida.

Resulta interesante recordar que la mayoría de las religiones en todo el mundo tienen –no obstante sus divergencias– un punto en común: la existencia de la vida eterna.

Casi todas tienen la creencia de que al morir no termina la vida; unas dicen que sólo muere el cuerpo y el alma o espíritu permanece vivo para ir a un lugar donde será premiado o castigado; otras afirman que el alma abandona el cuerpo para unirse a la energía perfecta; existen las que hablan de que el espíritu abandona este cuerpo para reencarnar posteriormente en otro, hasta lograr obtener la perfección. En otras palabras, casi todas las religiones consideran que los años de vida terrenal con nuestro cuerpo, son tan sólo un pequeño instante en comparación con la vida total o eterna. ¿Será acaso posible que todas las religiones y su gran cantidad de creyentes estén equivocados?

Para concebir de manera más gráfica la eternidad, te sugiero que imagines –valga aquí un ejemplo burdo– una carretera que hubiera sido trazada desde el punto más lejano de América del Sur hasta el punto extremo de América del Norte. Si consideramos la longitud de esta carretera como el total de nuestra vida (terrenal y eterna), podríamos señalar que esta vida, con nuestro cuerpo actual, correspondería quizás al primer centímetro de la carretera. Esto es, ese primer tramo representaría nuestros años de vida terrenal y la carretera en su totalidad, nuestra vida eterna. A pesar de que este ejemplo es demasiado limitado cuando lo enfrentamos al concepto de eternidad, nos puede dar una idea de lo insignificantes que son estos años en relación con el espacio total de nuestra vida no corporal.

Podríamos abundar un poco en esto y señalar que nuestra vida terrenal se asemeja de alguna manera al proceso de empacar. En vísperas de un viaje, generalmente hacemos ciertos preparativos, uno de ellos consiste en empacar en una maleta nuestras pertenencias más útiles para el viaje. El tiempo de los preparativos y del empacado estará en proporción con el tiempo que vaya a durar el viaje. Por ejemplo, si salimos sólo por un fin de semana, probablemente tardaremos quince o veinte minutos en empacar; si nos vamos por una semana, emplearemos tal vez una hora en hacerlo; si pensamos estar lejos durante un mes, quizá necesitaremos varias horas, y si nos vamos por algunos años, los preparativos y el empacado nos pueden tomar varios días, incluso semanas dedicadas a vender nuestras pertenencias, a comprar y empacar todo aquello útil para nuestro viaje. Como podemos observar, el tiempo para empacar es directamente proporcional al del viaje, pero es muy breve comparado con su duración.

De la misma manera pensemos que si nuestra vida actual es tan sólo un instante de la vida eterna, podemos decir que lo que estamos haciendo aquí es empacar y prepararnos para el gran viaje. Si esto es así, será correcto suponer que sólo debemos empacar en nuestra maleta aquello que resulte de utilidad durante el viaje y que nos sea posible llevar con nosotros. Debemos considerar todo lo demás como circunstancial y temporal, ya que sólo nos será útil mientras estemos aquí, terminando de empacar antes de iniciar el hermoso gran viaje.

¿Qué pensarías de alguien que trabajara arduamente en empacar para un viaje, sacrificando su tiempo de diversión y de convivencia familiar, lesionando hasta su salud para guardar lo más posible en su maleta? ¿Qué pensarías si lo vieras empacando con gran cuidado cosas de mucha calidad, sin tomar en cuenta que la mayor parte de ellas no las podrá usar en el viaje y que ni siquiera le será posible llevarlas consigo? ¿Qué le dirías a esa persona que desperdicia su vida guardando cosas inútiles que ni siquiera podrá conservar eternamente? **LRA...**

(Lee y relee, reflexiona, anota. No continúes si no tienes tu respuesta escrita.)

- Y tú, ¿qué estás empacando?
- ¿Qué estás eligiendo para llevar contigo en este gran viaje? **LRA...**
- ¿Cuántas de las cosas por las que luchas y a las que dedicas la mayor parte de tu tiempo te podrás llevar contigo? **LRA...**
- ¿Cuántas dejarás aquí? **LRA...**
- Tú, espíritu, ¿cómo interpretas estas líneas?
- Tú, ser humano pensante, que continuarás tu largo viaje ya sin el cuerpo que habitas; tú, alma; tú, energía, ¿qué esperas encontrar en tu maleta, ya en la otra dimensión? **LRA...**

- ¿Qué te llevarás contigo? ¿Qué transportarás que no te pese; que no sea un lastre para ti sino que te impulse y te vuelva más libre; que te acerque a la verdad absoluta; que te funda con mayor rapidez con la energía perfecta, con el creador o que te convierta en un ser mejor y más feliz, cualquiera que sea tu creencia? **LRA**...
- ¿Has trabajado todo este tiempo en lo que realmente necesitas a fin de llevarte lo más útil para este viaje? **LRA**...
- ¿Empleas tu tiempo de manera cotidiana en empacar lo que te servirá para hacer crecer tu espíritu?
- ¿O estás desperdiciando tu tiempo, tu salud, tu energía y tu alegría de vivir en atesorar y empacar sólo cosas inútiles y sin sentido para tu viaje? **LRA**...

Te pido en este momento que hagas una pausa y cierres los ojos. Piensa, pregúntate: ¿Qué me llevaré conmigo realmente? De todas las cosas que vivo, que hago, que tengo, ¿cuáles podré llevarme conmigo cuando muera? ¿Qué te puedes llevar? Analízalo con detenimiento y, una vez que hayas llegado al fondo de la cuestión, saca tus conclusiones, anótalas y después continúa. **LRA**...

Como ya habrás advertido, a ese viaje no podrás llevar ninguna de tus pertenencias, ni tu dinero, ni tu casa, ni tu automóvil, ni tus muebles o ropa; tampoco podrás ir acompañado por tu madre, padre, esposo, hermano, amigo, hijo; no podrás cargar ni con tu belleza, tu poder o tu situación, ni siquiera con tus ojos o tus manos. En síntesis, no te quedarás con nada de lo que para nosotros los occidentales es la "realidad"; o sea, nada de lo que puedes ver, oír, tocar, etcétera. ¡Qué ironía haber trabajado tanto y sacrificado muchas cosas buenas en la vida para que finalmente se queden aquí nuestras realidades y nos resulten inútiles para el gran viaje, para nuestra vida eterna!

¡Qué absurdo suena no poderte llevar las cosas "reales"! Por algo Antoine de Saint Exupéry decía en su magnífica obra *El principito* que "lo esencial es lo invisible para los ojos, sólo se distingue con el corazón". Porque la realidad verdadera e inmutable no es la ilusión momentánea, fugaz y finita que desaparecerá al terminar de empacar. No es sólo lo que nos dura a lo largo del proceso de preparativos y empaque y que finalmente no nos llevaremos con nosotros. La realidad es lo eterno, lo que permanece, lo que perdura para siempre; ésta es la auténtica realidad: sólo lo que nos llevaremos con nosotros para siempre. Podríamos decir que lo demás es tan sólo realidad ilusoria, o tal vez un reflejo casi perfecto de la realidad infinita. Pero al fin y al cabo, eso: un reflejo que no deja de ser reflejo, o *maya* para la cultura hindú.

Pero, ¿qué cosas podremos llevar entonces a este gran viaje? No es una pregunta fácil de contestar. Tal vez nadie pueda asegurar con exactitud qué hemos de llevar con nosotros. Sin embargo, a juzgar por lo que los grandes maestros y los famosos fundadores de las religiones han dicho, podemos afirmar que nos llevaremos, en primer lugar, nuestra alma, nuestro espíritu o nuestra energía: aquello que le da vida a nuestro cuerpo. Esa energía que, cuando alguien muere, desaparece, dejando el cuerpo con todos sus órganos y sistemas tal como era antes, sin faltarle nada, excepto lo que llamamos vida. Nos llevaremos entonces la vida misma o como tú la quieras llamar, y con ella acaso nuestra conciencia. Pero no la conciencia que nos castiga o nos reprocha. Me refiero a la conciencia como el *Yo*, como el *Self*; esto es, la conciencia de nuestra individualidad, de nuestro ser como entes pensantes, como todo lo que somos en esencia con nuestras cualidades intrínsecas: la bondad, la sensibilidad, el amor, la generosidad...; es decir, nuestra conciencia de existir. Tu conciencia entendida como la suma de todos los aconteceres y pensamientos de tu vida. El reflejo más claro de tu *Ser*, tu personalidad misma y tu identidad como individuo ante ti, ante el creador y ante el mundo: la autoimagen o la imagen que tenemos de nosotros mismos. La conciencia como afán de saber y entender más, como apreciación de lo bueno y lo bello.

,Es asimismo probable que con nuestra conciencia nos llevemos también el pensamiento y la memoria, ya que científicamente nunca se ha confirmado que estas dos facultades estén dadas por la fisiología del cerebro. Si bien es cierto que el proceso del pensamiento y la memoria utilizan al cerebro como vehículo, no necesariamente dependen de él. Las investigaciones sobre individuos que murieron y resucitaron posteriormente han demostrado que tales personas conservaban el pensamiento, la conciencia y la memoria, no obstante haber estado muertas. Lo anterior comprueba que incluso durante la muerte el individuo mantiene su conciencia.

La Iglesia católica cree en la intercesión de los santos, que fueron seres humanos con cuerpo y alma. Existe la creencia de que cuando una persona se dirige a ellos, rogándoles con fervor y fe, pueden interceder por ella. Como es sabido, la Iglesia ha constatado un buen número de milagros hechos por los santos. Entonces, podríamos suponer que tal vez estos santos de alguna manera conservan sus facultades de pensamiento, de conciencia y de voluntad

También se cree en los ángeles protectores o ángeles de la guarda. Ante esto cabría preguntarse: ¿Cómo podrían estas mágicas creaturas guardar o cuidar a alguien si no fueran conscientes de ello?

Cito aquí la religión católica por ser una de las más cercanas y difundidas entre nosotros. Sin embargo, si examinamos otras religiones, encontraremos más ejemplos que presuponen que la vida no termina con la muerte y que conservamos nuestra conciencia al dejar este cuerpo; como aquellos que creen en la reencarnación y la interpretan como una elevación y perfeccionamiento del nivel de conciencia del individuo, asumiendo que éste podrá reencarnar múltiples veces y que podrá ir mejorando a lo largo de este proceso en el nivel de su conciencia.

Por otra parte, quienes creen en la posibilidad de que un médium comunique a los vivos con los muertos, consideran como un hecho evidente la conservación de la conciencia después de la muerte.

Hoy en día existe gran cantidad de publicaciones supuestamente dictadas por espíritus que se valieron de un médium para hacerlo. Dentro de ellas podemos citar a Jane Roberts con sus obras *Seth Speaks* y *El material de Seth*, este último publicado por Editorial Diana. En ellos la autora afirma que cae en trance y funge como médium para dictar el texto a su marido. En otras palabras, permite que un espíritu tome el control de su cuerpo para poderse comunicar a través de éste, por medio de su voz, mientras su marido toma nota de todo lo que dice.

En *Seth Speaks* ella misma menciona una investigación que realizó para saber si lo dictado no es producto de su subconsciente; a través de varios argumentos descarta esa posibilidad y afirma que no pudo ser así. De cualquier manera es sorprendente la calidad, concreción y profundidad del texto. Si fuera verdad que se trata de su subconsciente, habría que felicitarla, pues el relato es genial y extraordinario.

Uno de los escritores más conocidos y de mayor prestigio en esta materia es Edgar Cayce, quien tiene publicados más de cien títulos de carácter técnico y científico en una amplia gama de disciplinas, tan variadas como medicina, filosofía y cocina. Esta obra, difundida y reconocida en los distintos campos del saber, fue producida por el autor cuando se encontraba en estado de trance; esto es, los diversos conocimientos a los que se refieren sus publicaciones le fueron transmitidos por medios psíquicos. Resulta casi imposible suponer que el autor sea un experto en todas las áreas sobre las que escribe, sin embargo, la obra sí corresponde a la de un especialista en cada disciplina. Otra escritora muy controvertida que narra experiencias interesantes acerca de su contacto personal con espíritus, a través de un médium, es Shirley MaClaine, quien entre otros títulos es autora de *Out on a Limb*, publicado por Bantam Books.

Lo importante de todas estas teorías –que no son necesariamente las más populares, aunque se mencionen aquí– es que tienen un común denominador: el creer que la conciencia, el pensamiento, la memoria, etcétera, continúan siendo parte nuestra, aun después de la muerte, y que nuestra vida no termina aquí, no nos desvanecemos o dejamos simplemente de existir. De cualquier forma, creas o no en la vida eterna, encontrarás gran utilidad práctica en la metodología que se plantea más adelante para establecer tu plan de vida.

En resumen, queremos pensar que, en esencia, lo que nos llevaremos con nosotros es nuestra alma, espíritu o energía, nuestra facultad pensante, la memoria y, en suma, nuestra conciencia o *Yo*. A todo este conjunto de facultades lo denominaremos el *Ser*.

En otras palabras, el *Ser* está formado por la realidad de lo que somos en esencia: por nuestra energía, nuestro pensamiento, memoria y nuestro interior, incluyendo las capacidades y características intrínsecas a la conciencia individual, como la bondad, el amor, el cariño... Si nuestro *Ser* es lo único que nos llevamos al morir, estaremos de acuerdo en que resulta de primordial importancia acondicionarlo, es decir, ponerlo en las condiciones adecuadas para el viaje.

Es por ello que toda nuestra actividad debe orientarse a preparar a nuestro *Ser*, ya que probablemente no habrá cielo, infierno o purgatorio, no será Dios quien nos premie o castigue, sino nosotros mismos, a través de nuestra autoimagen, nuestro *Yo*, o nuestra conciencia. Esta conciencia nos da hoy la pauta para ser felices o infelices. Tú con seguridad conoces algunas personas que tienen todo para ser felices y no lo consiguen, así como otros son felices a pesar de no tener nada. La felicidad no depende de las cosas externas sino de las internas, depende de nuestra conciencia y de su evolución, de nuestro *Ser* esencial: es un proceso cien por ciento interior. Es probable que al morir conservemos exactamente nuestra conciencia tal y como se encuentre en ese momento. Nada cambiará, sólo dejaremos nuestro cuerpo; pero nuestra conciencia individual, nuestro *Yo* y nuestro *Ser* en conjunto posiblemente seguirán siendo iguales: se encontrarán en el estado exacto en que se hallaban en el momento de abandonar nuestro cuerpo. Esto quiere decir que si somos infelices al morir, seguiremos siendo infelices; si albergamos sentimientos de culpa o de odio, continuaremos odiando y sintiéndonos culpables; si morimos amargados, proseguiremos amargados. Pero si morimos amando, si morimos contentos con lo que somos, satisfechos con lo que hemos logrado, felices de vivir, conservaremos para siempre esta plenitud del estado de conciencia.

Cuando se habla del estado en que moriremos, no nos referimos a las circunstancias que puedan alterar los últimos minutos de la vida, como podrían ser el dolor físico o el arrepentimiento por nuestros pecados; más bien se alude al estado de conciencia que hayamos logrado a lo largo de toda nuestra vida.

Es por ello que este enfoque también funciona para aquellos que no creen en la vida eterna, puesto que se trata de vivir mejor la vida, en la vida corporal misma, para lograr un estado de felicidad total y absoluto. Creer o no en la vida eterna no resulta de primordial importancia, entonces, dado que lo que cuenta en realidad es lo que se logra aquí. Resulta ideal para cualquiera tender a ser más pleno y feliz aquí, a través del desarrollo de su *Ser*; y si sucede que, al morir, se encuentra con una continuación de la vida, deberá felicitarse por ello, pues probablemente ya tendrá ganada la felicidad. Si, por el contrario, ocurriera que no hay algo más, nada se habrá perdido, simplemente aprendimos a vivir una vida completa y a realizarnos como seres humanos en la vida. De hecho, todas las religiones hablan de trabajar aquí y ahora con el fin de alcanzar la felicidad para siempre. Parece conveniente entonces, comenzar desde hoy a planear esta vida corporal, sin dejarlo para mañana. Vamos a hacerlo ahora que contamos con la salud, bienestar y claridad en nuestras ideas que nos permitirán lograrlo. Recordemos que nadie podría garantizarnos –ni siquiera el médico más eminente– que el actual estado de cosas continuará mañana. Desafortunadamente, como reza un dicho popular, nadie sabe lo que tiene hasta que lo ve perdido; éste es el caso de la salud y el bienestar.

En tiempos normales no le damos a éstos ninguna prioridad; en general le damos un valor mayor al trabajo y dejamos para después lo relativo a nuestro espíritu. Sin embargo, cuando ya no haya salud mental o física, ni el cuerpo mismo, ¿cómo podríamos superarnos o perfeccionar nuestro estado de conciencia? Desde luego no se trata con esto de adquirir una visión mística de la vida, sino de trabajar fuertemente para desarrollar al máximo nuestro *Ser* y lograr su plenitud desde aquí y desde ahora.

El punto que no hay que perder de vista es que en el estado exacto en que termines esta vida iniciarás la otra. No habrá borrón y cuenta nueva. Continuarás en donde te quedaste.

- Y tú, si murieras ahora, ¿en qué estado de conciencia lo harías? **LRA**...(Lee y relee, reflexiona y anota.)

- ¿Morirías perturbado por tus múltiples preocupaciones o morirías relajado y tranquilo porque casino tienes motivos de inquietud? **LRA**...

- ¿Morirías amando y ofreciendo a los demás lo mejor de ti mismo, o morirías esperando recibir más de ellos, tal vez envidiando, quizás insatisfecho por no haber logrado tener lo que ambicionabas? **LRA**...

- ¿Cómo morirías? ¿Estarías satisfecho de morir así e iniciar tu viaje exactamente en ese estado o preferirías perfeccionar un poco más tu *Ser*, tal vez dando más que recibiendo, quizá simplemente dedicando más tiempo a gozar con tu familia y tus amigos, acaso diciendo te quiero a todos los que no se lo has dicho por falta de tiempo? **LRA**...

- ¿Tal vez morirías deseando haber dedicado más tiempo a tu *Ser* y al mayor desarrollo de tus facultades? **LRA**...

- ¿Crees que ya acabaste de empacar? ¿Va todo bien guardado? **LRA**...

Reflexiona y analiza: ¿cuál sería tu estado ideal de conciencia para morir feliz, para pasar en plenitud a la otra vida? **LRA**...

- ¿Cómo y en qué difiere tu estado actual de ese estado ideal? **LRA**...

Prioridad de valores

Tal vez la dificultad principal en contra de todo lo que hemos venido diciendo en relación con el desarrollo del *Ser*, es que por lo general la prioridad de valores en Occidente está ordenada en forma totalmente diferente a como debería ser; hoy en día el orden de importancia de éstos tiende a ser el siguiente:

1) *Tener* o poseer.
2) *Hacer* o trabajar para lograr *Tener* o poseer más.
3) *Ser* como sea necesario para lograr *Hacer* lo que sea necesario y así *Tener* más.

En términos generales, los occidentales contemporáneos hemos sido educados con la creencia de que la realidad es todo aquello que se puede ver, oír y tocar. Por lo tanto, bajo este esquema, las personas serán más reales y valdrán más como individuos entre más cosas tengan que se puedan ver y tocar. Es por esto que un buen número de personas dedica su tiempo y su esfuerzo a intentar obtener una gran cantidad de objetos materiales, haciendo suya, quizá no en forma consciente, la premisa "entre más tengo, más valgo". Esto es, entre más, mejor. Estas personas viven tratando de reunir cuantos bienes les sea posible, como un niño que lucha ansiosamente por conseguir más y más estampas para su colección. Para él, esas estampas pueden representarlo todo, podrá ser más y mejor ante sus amigos si llega a tener más y mejores estampas que ellos en su álbum.

De la misma manera, el hombre lucha con desesperación, en una forma ciega y violenta, por acumular bienes materiales. En muchas ocasiones, no le importan los medios, sólo el fin de poseer una mayor cantidad de objetos o de dinero que se traduzcan en mayor poder o en una mejor situación, puesto que inconscientemente ha asumido el concepto de que mientras más posea, mejor será como individuo, actuando como el niño y las estampas de su álbum. En este afán de coleccionar, en repetidas ocasiones esa persona lesiona todo lo que tiene enfrente, incluso su propia integridad, sus valores y su *Ser* mismo.

Como consecuencia de lo anterior, el individuo actual vive en un estado de tensión y de angustia difícilmente soportables para cualquiera, ya que de manera inconsciente siente que el reloj está en su contra y que tiene que darse prisa para obtener más y más cosas, y lograr así ser más y mejor, generando a su paso violencia, avaricia, odio y rencor.

Pero, ¿por qué la educación en Occidente se enfoca tanto hacia el *Tener* y lo material? ¿Por qué concibe la realidad como todo aquello que se pueda ver, oír y tocar, o que sea físicamente demostrable?

En la Grecia antigua se consideraba al hombre como una unidad que integraba cuerpo-alma. Más adelante, a este concepto se le añadió una "y" que dividió en dos partes esa unidad: cuerpo *y* alma. Con el transcurso de los años, el imperio helénico se convirtió en la gran potencia política, cultural y económica de su época y en la cuna de la cultura occidental vigente hasta la actualidad.

A partir de esa separación, el hombre empezó a cuestionarse a cuál de las dos debía dar más atención, al cuerpo o al alma. Es posible suponer que debido al gran poderío alcanzado por los griegos al final de su imperio y a su enorme riqueza, decidieran darle una gran importancia al cuerpo humano. Esto se ve reflejado en sus manifestaciones artísticas, en la escultura, por ejemplo, que nos ha legado figuras humanas de extraordinaria belleza. Hasta los dioses mismos eran representados con cuerpos de gran hermosura. Viene más tarde el poderío romano, más orientado todavía hacia el cuerpo y sus placeres, a un grado tan extremo que se considera como una de las causas del inicio de la decadencia del Imperio. Los romanos alcanzaron el máximo nivel concebible de decadencia moral en todos los sentidos. Esto podría verse como una negación del concepto "espíritu". Para ilustrar lo anterior basta recordar el hecho de que prefirieron poner en libertad a un temible asesino como Barrabás con tal de sacrificar a Jesucristo, cuyo único crimen fue hablar sobre el espíritu y su prioridad sobre la materia, porque hasta donde sabemos, jamás cometió un solo delito en el orden de lo jurídico o lo civil.

A partir de este momento se aplica la ley del péndulo en la historia de las ideas: vemos cómo las culturas van de uno a otro de los extremos. En la Edad Media toda la atención se vuelca hacia el espíritu o alma, a un grado tal que se cubren todas las partes del cuerpo, y se le flagela y castiga, ya que esto se considera como una manera de enaltecer el espíritu. Es la época de los cinturones de castidad, de la Inquisición, del surgimiento de grandes místicos. En el arte no se ven desnudos, los temas son religiosos y los cuadros oscuros.

En el Renacimiento el péndulo se va hacia el otro extremo. Es una época en que la Iglesia adquiere un impresionante poder político. La moral y el espíritu se deterioran: la vida es muy relajada, los papas tienen mujeres e hijos, los nobles viven consagrados a los placeres. El arte renace orientado nuevamente a enaltecer el cuerpo. Recordemos los desnudos de Miguel Ángel, uno los grandes maestros. Podemos apreciarlos tanto en la Capilla Sixtina como en una de sus más famosas esculturas: el David.

Nuevamente oscila el péndulo y la ideología de los siglos XVII y XVIII se orienta hacia el otro extremo: se ocupa más del espíritu. Surgen dos de los místicos más grandes del pensamiento universal: Santa Teresa de Jesús y San Juan de la Cruz. Este orden de pensamiento alcanza su extremo máximo durante la época victoriana en Inglaterra, cuando las mujeres se cubren desde el cuello hasta los pies para ocultar el cuerpo. La ideología cambia una vez más con la Revolución Industrial. Se inicia una era de mayor libertad frente a lo que se refiere al cuerpo y las ideas; sobreviene el culto por lo material, por la eficiencia y por todo aquello que se puede ver, oír y tocar. Aparecen las industrias y con ellas un nueva cultura en la que vale más quien más tiene. Los valores espirituales pierden importancia, lo único que realmente cuenta es el *Tener*.

En la segunda mitad del presente siglo surge el movimiento hippie, que no es más que una reacción social de un grupo de jóvenes frente a los valores establecidos. El pensamiento actual se cuestiona el porqué de los valores materiales y poco a poco se transforma en lo que podríamos llamar un proceso de conciencia, en el que por primera vez se considera que hay que dar atención al cuerpo, a la mente y al espíritu. Al cuerpo, mediante el ejercicio y la selección de alimentos nutritivos adecuados; a la mente, por medio de metodologías de meditación dinámica, de la psicología, la psiquiatría, etcétera, y al espíritu, a través de meditaciones contemplativas, oraciones y varios otros recursos. A esto se le conoce como el despertar de la conciencia a la Nueva Era.

Podría decirse que estamos viviendo el advenimiento de una nueva cultura, de una nueva era filosófica.

Están surgiendo miles de nuevos grupos culturales de carácter holístico, que integran el cuerpo, la mente y el espíritu en un todo inseparable: el ser humano. La medicina holística –creada por Norman Shily a raíz de haberse graduado en un curso del Método Silva– busca curar, atendiendo simultáneamente el cuerpo, la mente y el espíritu. Esta medicina adquiere mayor fuerza cada día. En ella tienden a unirse las diversas disciplinas correspondientes a tres aspectos –el cuerpo, la mente y el espíritu– para formar una sola ciencia cada día más completa en la que se comprueba que las enfermedades son, en gran medida, de origen psicosomático, es decir, que la mente contribuye causalmente con la enfermedad corpórea; por lo tanto, el paciente debe curarse atendiendo también el aspecto mental y el espiritual.

Este movimiento, no obstante, se encuentra en los inicios de su desarrollo y, mientras esto sucede, el mundo occidental atraviesa por uno de los momentos más extremos de materialismo.

Si revisamos con cuidado la historia (aquí sólo se ha presentado un esbozo muy simplificado), advertiremos que cuando una cultura se olvida del espíritu, cae fácilmente en la degeneración y al final en la decadencia. Podríamos afirmar que el concentrarse sólo en lo material y en lo físico hizo que sucumbieran los grandes imperios, pues perdieron sus valores reales o esenciales, los de su alma o espíritu que, en última instancia, son los únicos perdurables.

El trabajo es una de las áreas en donde mejor podrías constatar la orientación materialista de nuestra sociedad. Si, por ejemplo, le preguntas a la gente por qué trabaja, lo primero que te contestará, tal vez, es que lo hace para ganar dinero y poder comer; quizá en segundo lugar dirá que lo hace porque le gusta su trabajo. Por lo general, poca gente te dirá que está trabajando para lograr ser lo que quiere llegar a *Ser* o para mejorar su estado de conciencia. Lo más absurdo del caso es que tú mismo podrás comprobar que parte de esas personas, que ya ganaron suficiente dinero para comer y subsistir sin ningún problema, siguen trabajando para ganar más, aun si se trata de multimillonarios. Si tú les preguntaras para qué quieren tanto dinero, te responderían tal vez que para obtener más dinero. Es decir, esas personas trabajan para lograr tener más y más. ¿Cuántas veces un individuo ha llegado a robar para conseguir dinero y adquirir nuevos bienes? Esto significa que su *Ser* se vuelve corrupto con tal de *Tener* más posesiones, mejor situación y mayor poder; esto es, en la actualidad el *Ser* es lo de menos, lo importante es el *Tener*. Qué contraste tan grande con las palabras de Cristo:

Por eso os digo: No os inquietéis por vuestra vida, por lo que habéis de comer o de beber, ni por vuestro cuerpo, por lo que habéis de vestir. ¿No es la vida más que el alimento, y el cuerpo más que el vestido? Mirad cómo las aves del cielo, no siembran, ni siegan, ni encierran en graneros, y vuestro Padre celestial las alimenta. ¿No valéis vosotros más que ellas? ¿Quién de vosotros con sus preocupaciones puede añadir a su estatura un solo codo? Y del vestido, ¿por qué preocuparnos? Aprended de los lirios del campo, cómo crecen; no se fatigan ni se hilan. Pues yo os digo que ni Salomón en toda su gloria se vistió como uno de ellos. Pues si a la hierba del campo, que hoy es y mañana es arrojada al fuego, Dios así la viste, ¿no hará mucho más con vosotros, hombres de poca fe? No os preocupéis, pues, diciendo: ¿Qué comeremos, qué beberemos o qué vestiremos? Los gentiles se afanan por todo esto; pero bien sabe vuestro Padre celestial que de todo eso tenéis necesidad. Buscad, pues, primero el reino y su justicia, y todo eso se os dará por añadidura. No os inquietéis, pues, por el mañana; porque el día de mañana ya tendrá sus propias inquietudes; bástale a cada día su afán.

Muchos de nosotros vivimos en función del *Tener* y entregamos nuestro *Ser*, nuestro tiempo, nuestra dedicación, nuestra salud y nuestro esfuerzo, a poseer más y más, y nunca llegamos ni llegaremos a estar satisfechos. Así, el día que nos enfrentemos con la muerte tal vez nos daremos cuenta de que nuestro trabajo fue inútil, ya que no podremos llevarnos a nuestro largo viaje nada de lo que hayamos logrado con él. Tendremos que regalar nuestras pertenencias y tantos años de esfuerzo a alguien a quien tal vez no le sea de ninguna utilidad moral y es posible que dejemos hasta problemas de envidias y rencores a nuestros herederos. Muchas veces, tal vez, motivamos en ellos el deseo inconsciente de nuestra muerte, bajo el supuesto de que al heredar llegarán a *Ser* más porque van a *Tener* más. Y nosotros daremos el paso a la vida no corporal con nuestra maleta vacía, en un estado de conciencia muy pobre y falto de plenitud. Tal vez moriremos llenos de tesoros y sin embargo partiremos sin nada en nuestras manos. Recordemos las palabras de Cristo una vez más: "Atesora en el reino de los cielos que es donde vivirás por siempre y no en los lugares finitos donde te pueden robar lo que con tanto ahínco atesoraste... No alleguéis tesoros en la tierra, donde la polilla y el orín los corroen y donde los ladrones horadan y roban. Atesorad tesoros en el cielo, donde ni la polilla ni el orín los corroen y donde los ladrones no horadan ni roban. Donde está tu tesoro, allí estará tu corazón".

La situación materialista a que nos hemos venido refiriendo genera un problema muy importante relacionado con los satisfactores, ya que en esa carrera y en esa lucha por *Tener*, el hombre se siente profundamente insatisfecho. Cuando un individuo desea su primera bicicleta, lucha tenazmente por obtenerla y cuando al fin la consigue, ésta ya no le basta. Entonces querrá una motocicleta y cuando la tenga deseará una más grande, la cual querrá ver sustituida por otra de mejor calidad, y ésta le sugerirá el deseo de poseer un automóvil, y así sucesivamente. Esto mismo puede aplicarse a otros campos. Lo grave de todo esto es que aun antes de haber obtenido un determinado objeto, cuando está ya a punto de lograrlo, cuando se da cuenta de que es casi un hecho que lo tendrá, ese individuo deseará otra cosa que se halla –una vez más– lejos de sus posibilidades reales. Esto impedirá que esta persona disfrute con el logro que está a punto de conquistar. Nunca logrará satisfacer su voraz apetito. Su álbum de estampas no tiene fin, nunca se llena; es una canasta sin fondo.

Y este hombre, a medida que avanza por la vida, va deseando más y más, se va llenando cada día de nuevas pertenencias y con ellas de más preocupaciones. Cada día tendrá más y es posible que por ello sea más admirado y respetado por su sociedad, pero en el fondo tal vez cada día se sienta más vacío, más angustiado y con menos ganas de vivir.

¿Qué sucede con este hombre? ¿Qué pasa con nosotros? ¿No nos damos cuenta de que nuestras enfermedades, nuestros cánceres, nuestras úlceras y tantos otros males más no son sino el resultado de nuestra falsa selección de prioridades y de nuestra deformada concepción de la vida? ¿No nos percatamos de que las guerras, la violencia, las bombas atómicas, nuestro odio, rencor y envidias acabarán por destruirnos a nosotros mismos?

Se requiere de un cambio radical, no de pasarnos años visitando psicólogos y psiquiatras, no de buscar en la libertad del sexo, ni en el alcohol o en las drogas, ni en las revoluciones sociales, las manifestaciones pacifistas o los ritos religiosos. Necesitamos un cambio interno, un cambio de filosofía, una verdadera y completa transformación en nuestro interior. Tenemos que romper con todo lo anterior y aceptar de una vez por todas, sin necesidad de enfrentarnos con la muerte, que nada de lo que estamos atesorando aquí nos llevaremos con nosotros. Entender que tenemos que trabajar arduamente para llegar a ser en esencia como queremos Ser y quienes queremos Ser. Aceptar que somos entes pensantes, espíritus, seres semejantes a Dios, que disfrutamos de este cuerpo de manera transitoria para pulirnos y perfeccionarnos en el Ser y no para atesorar más y más riquezas. Comprender que tener este cuerpo maravilloso y podernos manifestar a través de él en este mundo, es una enorme suerte que tal vez sólo se nos dará en esta ocasión. Ser conscientes de que tal vez nunca tendremos de nuevo la oportunidad de rehacer las cosas que en realidad debimos hacer, en vez de habernos distraído con la ambición de poseer.

Hay demasiada gente que vive enajenada con sus posesiones y siente que éstas son parte de sí mismo, de su Ser. Y cuando las pierde o se las arrebatan, es como si le estuvieran desgarrando uno de sus miembros.

No te enajenes con tu rol en la vida —como decíamos al principio, la vida es sueño—; no te enajenes con tu situación social, con tu posición, con tu poder ni con lo que la gente piensa de ti; no te enajenes con tus relaciones personales, familiares o sociales, ellas no son parte de tu Ser, son simplemente las circunstancias en las que te encuentras en este momento. Bastará un terremoto como el de México en 1985 para demostrarte que éstas no son sino situaciones que, en realidad, no forman parte de tu Ser, y que tu vida y sus particularidades pueden cambiar en cualquier momento, incluso en aquél en que tú decidas modificarlas.

Pero, ¿qué podemos hacer para no enajenarnos, para no vivir creyendo que las cosas que tenemos forman parte de nuestro *Ser*, como el niño que cree ser más por las estampas de su álbum?

Tal vez el primer paso consista en renunciar a la actual jerarquía de valores. En cuanto lo hayamos logrado, sin duda habremos recorrido una gran parte del camino. Podemos pensar en una computadora. En el momento en el que cambias un programa por otro, obtienes resultados completamente distintos; es más, puede parecer hasta un aparato diferente, pues aunque su estructura física siga siendo la misma, en realidad podría decirse que ya es otro. Se da un cambio casi mágico, prácticamente instantáneo.

Alteremos entonces nuestro programa sustituyendo el orden prioritario:

1) *Tener*
2) *Hacer*
3) *Ser*

por el siguiente:

1) *Ser*
2) *Hacer*
3) *Tener*

Concebimos los términos de la siguiente manera:
1) El *Ser*. Como nuestra esencia, energía, alma, espíritu, con facultades como memoria, conciencia, *Self*, pensamiento, etcétera; en una palabra, como todo lo que nos podemos llevar al morir.
2) El *Hacer*. Como la actividad, la labor o el trabajo esenciales para desarrollar y llevar nuestro *Ser* a su plenitud.
3) El *Tener*. Como la posesión de todo lo necesario para poder hacer nuestro trabajo y lograr así la plenitud de nuestro *Ser*.

Observemos la radical diferencia en el punto dos o el *Hacer*. Cuando la prioridad número uno es el *Tener*, el individuo trabajará para poseer más; pero cuando la prioridad número uno es el *Ser*, el individuo trabajará para llegar a ser mejor en su esencia.

Lo mismo sucede con el *Tener*. En el presente enfoque –en el cual la prioridad número uno es el *Ser*– el *Tener* pasa a tercer término como prioridad y se ve tan sólo como un medio para lograr que el individuo se realice como ser humano; esto es, deja de ser un fin en sí mismo.

Más adelante, al trabajar en lo que hemos llamado *Plan de vida*, analizaremos con mayor profundidad las características de cada uno de estos aspectos, *Ser, Hacer, Tener*, y la importancia de este cambio de enfoque.

Arquitectos de nuestro propio destino

Un amigo me dijo una vez una frase que ha sido muy importante para mí: "Si no cambiamos de rumbo, vamos a llegar hacia donde nos dirigimos". Para ser más explícitos: si fuéramos en un coche hacia un acantilado y no desviáramos la dirección del vehículo, lo más probable es que tarde o temprano caeríamos por él. Si no cambiamos de rumbo en nuestra vida, vamos a llegar hacia donde nos dirigimos a través de nuestra actividad diaria. Ese factor de dirección es de suma importancia ya que todos tenemos la capacidad de forjar nuestros destinos. Es fundamental saber qué queremos lograr y hacia dónde deseamos dirigirnos. Lo esencial es ser capaces de cambiar nuestra actual vida enajenada y lograr que a partir de ahora todo gire alrededor del *Ser*, que a final de cuentas es lo único eterno. No significa nada quiénes o cómo hayamos sido hasta ahora, lo importante es quiénes y cómo queremos *Ser* mañana. Esto depende cien por ciento de nosotros mismos, pues en verdad somos los arquitectos de nuestro propio destino.

Nosotros tenemos la responsabilidad de elegir nuestro destino, puesto que se nos ha dado la capacidad de guiar nuestra embarcación como al navegante a quien se pone al timón de un velero.

Pero, por desgracia, la gran mayoría de los hombres que pasan por el mundo, permite que el viento los lleve a la deriva al creer que deben vivir de acuerdo con la circunstancias y con lo establecido. Sin embargo, hay unos pocos que toman en sus manos los cabos de las velas y se fijan un punto lejano en la distancia al cual deberán llegar después de una larga travesía. No obstante las tormentas, los huracanes, los sufrimientos y el peligro, aprietan la marcha y se lanzan sin volver la vista atrás, guiados por su objetivo final. A estos hombres se les admira y respeta; son los que en lugar de someterse a las circunstancias hacen que éstas se sometan a ellos. Es gente que sabe lo que quiere, que lucha por lo que desea y lo consigue.

Pero, ¿cuáles son las condiciones que determinan el que estemos en un grupo o en el otro? Desde luego son muchas y muy variadas, pero entre otras se encuentran estas tres:

- Saber lo que queremos.
- Tener un plan para lograrlo, con puntos de verificación y planes de contingencia.
- Ejecutar con precisión dicho plan.

Podemos establecer aquí una analogía: la relación que hay entre un piloto aviador que despega sin haberse fijado de antemano un destino preciso y otro que al despegar tiene ya un objetivo predeterminado.

Al no tener un destino final, el primer piloto se hallará a la deriva, sujeto a las eventualidades que puedan presentarse. Volará igual que el segundo, pero ignorará si debe seguir una línea recta o cambiar de rumbo, desconocerá los sitios donde puede cargar combustible; no sabrá qué tipo de vientos o climas encontrará. Finalmente, le será imposible prever si el aterrizaje se llevará a cabo en condiciones desastrosas o en una forma normal.

Mientras tanto, el piloto que sabe adónde va, planeará el uso del combustible para que le alcance y le sobre; elegirá una ruta con vientos moderados y convenientes, y preverá sitios de emergencia por si hicieran falta durante el trayecto. Además, le será posible determinar puntos de verificación, en los que controlará los tiempos estimados de vuelo, de manera tal que, en caso necesario, pueda hacer correcciones a tiempo con consecuencias mínimas.

Es posible que el piloto sin destino preestablecido aterrice sin mayores percances, después de un viaje lleno de sobresaltos; aunque es bastante probable que pueda sufrir un grave accidente o causar una catástrofe de gran magnitud. No así el piloto que tenía un objetivo predeterminado. Este, seguramente tuvo un viaje más seguro y placentero, con un mayor dominio de las circunstancias.

En otras palabras, el piloto que conocía su destino, que tenía un plan preestablecido, eligió y dominó sus circunstancias, mientras que el otro, que no se había fijado un destino final, no pudo planear y quedó sujeto al dominio y control de las situaciones imprevistas que se presentaron.

Si al piloto que voló con un plan preestablecido le pidiéramos que revisara todo lo hecho durante el viaje veinte minutos antes de llegar a su destino, probablemente nos diría que realizó todo lo necesario y, por lo tanto, tocará tierra en el tiempo previsto y sin ningún contratiempo. Es decir, su trayectoria resultó congruente con su plan de vuelo y con sus objetivos. Si volviera a empezar, es probable que no cambiara nada ni en su ruta ni en sus procedimientos.

Sin embargo, si a un hombre a punto de morir le dieran oportunidad de regresar y volver a vivir toda su vida, seguramente lo haría en una forma distinta. Este querer corregir el rumbo del pasado tal vez se deba a que el hombre se da cuenta de que su vida siguió una trayectoria errática, por falta de un objetivo y un plan con puntos de verificación.

Quizá nos parezca absurdo pensar que un piloto pueda despegar sin tener un destino preestablecido. Pues mucho más absurdo es que el hombre vaya a la deriva por la vida, sin planear su destino.

- Y tú, ¿despegaste con tu destino claramente preestablecido? **LRA**...
- ¿Tienes un plan de vuelo? **LRA**...
- ¿Lo que haces todos los días te está llevando hacia tu objetivo? **LRA**...
- ¿Cada cuándo verificas si te estás desviando? **LRA**...

Reflexiona con detenimiento sobre estas preguntas:

- ¿Soy como una veleta movida por el viento? **LRA**...
- ¿Uso realmente al viento para impulsarme y llegar adonde yo quiero ir? **LRA**...
- ¿Sé adonde quiero ir? **LRA**...
- ¿Sé lo que quiero? **LRA**...
- ¿En verdad sé hacia dónde voy ahora? **LRA**...
- ¿Sé por qué o para qué vivo? **LRA**...
- ¿Cómo es cada uno de los días de mi vida? ¿Yo domino las circunstancias o ellas me dominan a mí? **LRA**...
- ¿Mis pertenencias, las poseo como medios para poder hacer mi trabajo, para la realización de mi *Ser*, o son fines en sí mismos? **LRA**...
- ¿Todo gira alrededor de mi *Ser*? **LRA**...
- ¿O más bien mi *Ser* se adapta a lo que tengo que hacer para tener o poseer más? **LRA**...

Si lo piensas, te darás cuenta de que quizá hayas pasado muchos años sin tener claro el destino de tu vida.

Es probable, entonces, que te hayas dejado llevar por las circunstancias como lo hace, tal vez, la mayor parte de la humanidad que ha vivido sin metas precisas, ni planes concretos para alcanzarlas.

Por lo regular la gente se toma el tiempo necesario para planear los objetivos de una empresa, de su trabajo, de sus pasatiempos, pero paradójicamente en raras ocasiones dedica un tiempo a planear los objetivos de su propia vida, a definir quién y cómo quiere *Ser*. Esta es la causa principal de que el viento los lleve a la deriva, sin dirección alguna.

Resulta fundamental que éste no sea tu caso. Para evitarlo es importante, como decíamos antes:

- Saber qué es lo que quieres.
- Tener un plan para lograrlo, con puntos de verificación y planes de contingencia.
- Ejecutarlo con precisión.

Esto te hará trazar tu camino y te permitirá aprovechar el viento para que te lleve adonde quieres ir, evitando que gires como una veleta sin rumbo.

Será necesario, entonces, que definas con claridad tus prioridades y que apliques cada uno de los puntos anteriores; es decir, tendrás que determinar con precisión qué es lo que quieres lograr en cada principio, *Ser*, *Hacer* y *Tener*, y trazar, para lograrlo, un plan con puntos de verificación.

Inicia, entonces, con el *Ser*. Para ello deberás contestar a las preguntas: ¿Qué quiero *Ser*? ¿Cómo quiero *Ser*? A partir de tus respuestas, desarrolla un plan que te permita lograr lo que deseas *Ser*, a través del *Hacer* y del *Tener*.

Cuando afirmo que primero debemos definir qué y cómo queremos *Ser*, es porque –como ya lo mencionamos antes– el *Ser* es lo único real, lo único que perdurará, lo único que nos llevaremos con nosotros. Por lo tanto, es fundamental que nos dediquemos con gran empeño a poner en forma nuestro *Ser*, preparándonos para guardar en la maleta lo mejor y más útil para ese viaje.

Esta dedicación para ponernos en forma, esta labor esencial constituye precisamente lo que consideramos como el *Hacer*. Por ello este plan es de tanta importancia en tu vida; de hecho, podría modificar tu existencia eterna. Sin embargo, para lograrlo tienes que esforzarte mucho, ya que el obstáculo principal con el que nos encontramos al pretender elaborar nuestro plan es la falta de tiempo para pensar, para meditar y analizar. Parece que tenemos tiempo para todo menos para nosotros mismos. Aparta unas horas para ti, puedes estar seguro de que el tiempo que te tomes para fijar tus objetivos, será sin duda el mejor tiempo jamás invertido. Al principio puede parecerte que estás perdiendo el tiempo; sin embargo, te felicitarás de haberlo hecho cuando veas los cambios y beneficios que traerá consigo la elaboración de tu plan de vida.

Es fundamental pensar antes de actuar. Por ejemplo, cuando se quema un bosque, antes de ponerse a trabajar para sofocar el incendio los bomberos tienen que observar el fuego y sus circunstancias; para trazar un plan de acción que generalmente consiste no en tratar de apagar las llamas de los árboles, lo que parecería lógico, sino en talar una franja de árboles de los que aún no se queman y dejar que el fuego consuma los árboles ya encendidos. De esta forma, al llegar a la franja talada, el incendio no podrá continuar y prácticamente se apagará solo, al no encontrar más árboles que encender.

Resulta paradójico sacrificar árboles sanos que aún no arden, talándolos antes de que los alcance el fuego, con el objeto de sofocar el incendio. Esto significa que sólo valiéndose de la inteligencia y la razón los bomberos logran dominar el siniestro.

Muchas veces, el instinto nos lleva a ejecutar una acción demasiado aprisa, y nos impide razonar; si los bomberos se abocaran a la tarea de apagar el fuego árbol por árbol, sin darse el tiempo para analizar y planear sus acciones, se pasarían la mayor parte de su vida sofocando el fuego en zonas aisladas, pero nunca conseguirían acabar con un incendio forestal, pues mientras se apaga un árbol, se encienden dos o tres más.

Alguien que no supiera nada del asunto, tacharía de criminal al jefe de bomberos si viera que, en lugar de trasladarse a la zona del desastre y empezar a apagar el fuego de los árboles, se dedica a sobrevolar el área en helicóptero, la analiza y estudia, para luego dar instrucciones a sus hombres de que empiecen a talar árboles no tocados por las llamas. Sin embargo, es gracias a este tiempo que se toma para analizar y pensar en la situación, como logra acabar con el incendio de manera rápida y eficaz.

Muchas veces sucede esto en nuestras vidas: estamos tan ocupados apagando el fuego de cada árbol, que no nos da tiempo de pensar y planear lo que debemos hacer para obtener lo que queremos en la forma más fácil y rápida. En lugar de apagar los incendios en unas horas, se nos va la vida sofocando el fuego en cada uno de los árboles; lo grave de todo esto es que en ocasiones no logramos acabar con el incendio, sino que es él quien acaba con nosotros.

Resulta de suma importancia, pues, que te des tiempo para reflexionar y para planear tu vida. Te recomiendo que, de ser posible, salgas de viaje tú solo, sin familia, sin amigos, sin nadie, solo contigo mismo. Elige para ello un sitio tranquilo y sin distracciones, lejos del ruido y del bullicio así como de tus preocupaciones. Busca de preferencia un lugar pleno de bellezas naturales. Lo ideal es un sitio así, pues de lo contrario puedes pasar un momento difícil intentando que tu mente no se distraiga y quiera dedicarse a la diversión.

Es preciso que viajes solo, ya que pocas veces en la vida tenemos la oportunidad de estar aislados y dedicarnos a pensar en nosotros mismos. Sería recomendable explicar a tu familia o a tus seres cercanos por qué quieres ir solo; es posible que su primera reacción sea de rechazo a la idea porque piensen que ya no estás bien en su compañía o que quieres divertirte por tu cuenta. En estos casos es fundamental que entiendan que para ti este viaje es decisivo, que muy probablemente traerá cambios y consecuencias de suma trascendencia en tu vida y en la de ellos. Hazles ver la importancia que tiene para ti el fijar tus objetivos y trazarte un plan de vida.

Por supuesto, el hecho de irte no quiere decir que no tomarás en cuenta a los tuyos en tu proyecto, pues al plantearte los objetivos del *Ser*, los del *Hacer* y finalmente los del *Tener*, estarás tomando decisiones que te afectarán a ti y a los tuyos. Sin embargo, es primordial que tú decidas por ti mismo tus objetivos sin influencia de nadie, y que una vez definidos vuelvas a casa a reunirte con ellos o que te alcancen en tu viaje. Es entonces cuando puedes escuchar su opinión al respecto. Pero asegúrate de haber terminado totalmente tu análisis, antes de comentarlo. No es recomendable establecer de antemano una fecha para que se reúnan contigo pues esto te presionaría; de ser posible es mejor que tú los llames en cuanto hayas terminado.

Si por alguna razón fuera de tu control no te es posible salir de viaje solo, te recomiendo entonces procurarte momentos de soledad largos y completos; por ejemplo, salir de tu casa temprano e irte a trabajar en tus objetivos a un lugar aislado, donde puedas estar lo más solo posible y nadie te interrumpa, de preferencia incluso donde nadie te conozca. No regreses a comer a tu casa no salgas con amigos, aíslate por completo todo el día; esto te hará alcanzar un estado más profundo de autoanálisis y de sensibilidad. Repite la anterior experiencia. Toma los días necesarios sin escatimar el tiempo en lo absoluto. Pero, insisto, lo óptimo es salir de viaje y mudar hasta de atmósfera para que el cambio sea completo y nada te limite. De este modo podrás olvidar por completo tus problemas cotidianos para dedicarte de lleno a planear tu futuro a corto, mediano y largo plazo. Tal vez puedas solicitar un periodo de vacaciones en tu trabajo; en términos generales, cuando uno se lo propone y tiene argumentos convincentes, se puede conseguir el tiempo. Créeme, vale la pena. En el último de los casos, te sugiero usar el tiempo de tus fines de semana o de tus días de descanso. Aunque la idea es que realices tu planeación con más tranquilidad y dispongas de más tiempo.

El reflexionar y anotar tus respuestas como lo has hecho hasta ahora, te permitirá llevar bases sólidas para trabajar a fondo cuando vayas a tu planeación. De hecho, has estado adelantando parte de tu planeación desde ahora y puedes continuar haciéndolo al realizar los siguientes ejercicios. Tú mismo juzga cuáles deseas anticipar y cuáles prefieres dejar para tu planeación, cuando estés lejos de casa y solo.

Plan de Vida

Hay que vivir cada día como si
fuera el último de nuestra vida,
pero planearla como si fuéramos a
vivir una eternidad.

Para elaborar tu plan de vida, te recomiendo iniciar fijando claramente tus objetivos a largo, mediano y corto plazo, en cada una de las áreas, en el *Ser*, en el *Hacer* y en el *Tener*.

Para evitar confusiones sobre cómo clasificar los diferentes conceptos, si en el *Ser*, en el *Hacer* o en el *Tener*, observa lo que anotamos a continuación.

Lo que pertenece al *Ser* es únicamente aquello que te podrás llevar contigo al morir, de tal forma que para reconocerlo bastará con preguntarte si el asunto en cuestión te lo llevarás al morir. Todo lo concerniente al *Hacer* implica actividad, te puedes preguntar si se puede realizar como tal o no. Lo respectivo al *Tener* supone hasta cierto punto el poseer el derecho de uso en el caso de los objetos, o el derecho de relación en el caso de las personas; si analizas con dicho criterio cada una de las dudas que se presenten en este sentido, podrás ubicarlas con mayor facilidad.

Te podrías preguntar, por ejemplo, en dónde entra la familia, en el *Ser*, en el *Hacer* o en el *Tener*. Es obvio que no será en el *Ser*, puesto que al morir no la llevamos como parte de nosotros; la podremos llevar en la mente o en la conciencia, mas no en forma física como parte de nuestro *Ser*. Tampoco forma parte del *Hacer* ya que no es una actividad. Por lo tanto, forma parte del *Tener*. Una vez más vemos que no hay que entender éste como una posesión, sino como un medio de realización. Lo que poseemos aquí no es la persona –un hermano, por ejemplo–, sino el contacto que se da con él, la relación fraternal; es decir, somos dueños de su compañía de manera temporal. Lo mismo sucede con nuestros amigos: no somos propietarios de ellos como personas, lo que tenemos es la relación amistosa que guardamos con ellos. Desde luego, entenderemos que se trata de posesiones como todas las del *Tener*, meramente temporales y circunstanciales.

Un ejemplo del *Ser* puede ser nuestra bondad, nuestro cariño, etcétera.

Un ejemplo del *Hacer* sería nuestro trabajo o algún deporte que practiquemos.

Como ejemplo del *Tener* podemos citar nuestra casa, nuestros muebles, etcétera.

Objetivos del Ser

El primer paso consistirá en definir qué quieres *Ser*. Plantéate las siguientes preguntas y reflexiona profundamente con cada una de ellas.

- ¿Qué quiero *Ser*? **LRA**...
- ¿Cómo quiero *Ser*? **LRA**...

Dibuja el perfil de tu *Ser* ideal o, en otras palabras, enumera las virtudes o cualidades que quieres llegar a tener como *Ser* para siempre, puesto que lo más probable es que después de tu muerte continuarás teniendo esas cualidades. Es importante que las definas con calma y lleves a cabo un serio análisis de cómo quieres llegar a *Ser* en esencia, ya que de ahí se derivará todo tu plan de vida.

Con el objeto de que el proceso te resulte más sencillo, trata de recordar qué era lo que respondías cuando niño si alguien te preguntaba lo que deseabas ser de grande. Analiza después esa figura, ya que en ella se encierran como un símbolo muchas cualidades del alma. Por ejemplo, el niño que afirma que quiere ser policía, seguramente implica, en forma subconsciente, que desea llegar a ser bondadoso, poder ayudar a los demás, ser fuerte y disciplinado, trabajar en equipo...

Cuando un niño sueña con ser bombero, podríamos afirmar que desea ser héroe, salvar vidas, proteger bosques y edificios, ser muy valiente.

Esas figuras de lo que deseábamos ser cuando niños, contienen las verdaderas cualidades del Ser que queríamos tener desde la infancia. En ocasiones pensamos que de pequeños no sabemos lo que queremos, pero esto no es así. Por el contrario, si analizas con detenimiento lo que deseabas ser de niño y comparas las cualidades que este símbolo encierra con las que te gustaría desarrollar hoy en tu Ser, te darás cuenta de que probablemente son las mismas. Esto es así porque, aunque parezca mentira, cuando éramos niños sabíamos más de lo que en verdad somos en esencia que cuando nos convertimos en adultos. Nuestra niñez nunca se equivocó, la verdad siempre estuvo presente en nosotros; pero sucede que al crecer nos distrajimos y nos ocupamos de cosas más vanas, superficiales y finitas, olvidándonos de la realidad esencial: nos dejamos llevar por la vida anhelando tener más y más medios, confundiéndolos con los fines y perdiendo así de la mira los verdaderos objetivos que debíamos conseguir con esos medios.

Aún estamos a tiempo para cambiar de rumbo y orientar debidamente nuestras metas.

Piensa a fondo cómo quieres Ser, qué cualidades y virtudes deseas tener. Recuerda que posees éstas desde que naciste, que no las tienes que comprar o adquirir ahora. Lo que sí tienes que hacer es trabajar para fortalecerlas, desarrollarlas y perfeccionarlas. No importa tu edad. Si piensas que todavía tienes por delante más de un día de vida, vale la pena que planees, ya sea para un año, para diez o para más.

Relee ahora con detenimiento y profundidad todo lo que has venido escribiendo. A través de las sensaciones que tuviste y de tus respuestas, trata de concluir cuáles son las carencias de tu Ser y a qué partes de ese *Ser* les estás impidiendo manifestarse en su plenitud.

Revisa también todo aquello que querías cambiar cuando te quedaban treinta días de vida, y piensa cuáles de esos cambios están orientados a darle oportunidad de manifestarse al *Ser* sin limitación alguna. Esto te ayudará a identificar mejor las virtudes ideales de tu *Ser*. A continuación, sigue leyendo para que se te facilite el diseño de tu perfil ideal.

Recuerda que los principales componentes del *Ser* son el alma, espíritu o energía; el pensamiento, la memoria y la conciencia o el *Yo*.

Para facilitarte la definición del perfil ideal de tu *Ser*, te propongo llevar a cabo la siguiente metodología. Eso te ayudará a ver con mayor claridad quién y cómo eres hoy, quién y cómo quieres ser mañana y, por último, cuáles son tus áreas prioritarias para concentrar ahí tu energía y esfuerzo.

El ejercicio consta de tres pasos.

1) CUADRO DE VIRTUDES Y CARENCIAS QUE CONSIDERO TENER

Anota las palabras "yo soy". Debajo de ellas escribe las palabras "Virtudes" y "Debilidades o defectos" de tal manera que sirvan para encabezar dos columnas verticales. A continuación, empleando las columnas, enumera las virtudes y carencias (o defectos) que consideras tener. Te sugiero que anotes primero las virtudes y después las debilidades o defectos. En realidad, si te fijas bien, los defectos no son más que carencias de virtudes o debilidades, no existen los defectos *per se*. La oscuridad es ausencia de luz, no existe por sí misma; por eso basta un poco de luz para que desaparezca. Asimismo, basta practicar un poco la virtud para acabar con el defecto o la carencia.

Ejemplo 1:

YO SOY:

VIRTUDES	**DEBILIDADES O DEFECTOS**
Alegre	Falso
Bueno	Ignorante
Calmado	Débil
Comprensivo	Perezoso
Honesto	Desordenado
Inteligente	Tenso
Paciente	Intolerante
Sensible	Cobarde

2) Cuadro de virtudes a obtener y desarrollar

Anota las palabras "quiero ser" y "voy a ser". En una sola columna escribe todas las virtudes que, de acuerdo con tu propia decisión, formarán parte de tu Ser. Por supuesto hay que enlistar nuevamente las virtudes que ya tienes y que quieres conservar. Usa las carencias o defectos de tu lista anterior para marcar aquí sus virtudes correspondientes. Esto te ayudará a corregirlas.

Ejemplo 2:

QUIERO SER Y VOY A SER:

Amoroso
Fuerte
Integro
Sabio
Sincero
Tolerante
Valiente

3) CUADRO DE VIRTUDES A DESARROLLAR, ORDENADAS POR PRIORIDAD

Anota las palabras "cada día soy más". Reordena las virtudes que quieres lograr y que todavía no consigues obtener, de acuerdo con la mayor o menor importancia que tengan para ti. Vas a hacer esto con el objeto de concentrar aún más tus esfuerzos en lograr aquellas virtudes que consideres más importantes.

Ejemplo 3:

CADA DIA SOY MAS:
(Establece tu propio orden de prioridades, valiéndote de los números, como en este caso.)

1. Fuerte
2. Valiente
3. Integro
4. Sabio
5. Amoroso
6. Tolerante
7. Sincero

Es importante saber distinguir entre un simple estado de ánimo y una virtud o su opuesto. Por ejemplo, una persona puede tener la virtud de ser alegre, pero esto no quiere decir que jamás esté triste. Si alguna vez se encuentra deprimida se debe a un estado de ánimo, pero si por lo general está contenta se puede afirmar que es una persona alegre. Para evitar confusiones, cuando quieras distinguir entre un estado de ánimo, una virtud o su opuesto, simplemente pregúntate si se le antepone la palabra *soy* o la palabra *estoy*. Si yo *soy* alegre (por estar casi siempre en este estado de ánimo), tengo la virtud de ser alegre; pero si *estoy* alegre

75

puede querer decir que es un estado momentáneo y no es ni una virtud ni una carencia.

También es importante tomar en cuenta que así como el que tiene una virtud en su *Ser* por lo regular actuará manifestándola, así también el actuar constantemente de una forma determinada, puede crear en nosotros una virtud o un defecto. Por ejemplo, si soy una persona triste, o se me considera como tal, por lo general voy a actuar con tristeza. Pero si me propongo dejar de ser triste y ser alegre de hoy en adelante, bastará con que me esfuerce en sonreír y estar contento cada vez que me dé cuenta de que estoy deprimido, para así dejar de estarlo y de serlo, y convertirme en una persona alegre a partir de ahora. Para clarificar un poco más el concepto de la modificación voluntaria de virtudes o defectos, citemos el caso de una persona que suele ser desordenada. Bastará con que esta persona asigne un lugar para cada cosa y, a partir de ese momento, siempre ponga cada cosa en su lugar, para que en un muy breve lapso de tiempo se convierta en una persona ordenada. ¡Así de sencillo!

Lo que se desprende de todo lo anterior es que nosotros somos como en realidad queremos ser; es falso que hayamos nacido con virtudes o defectos que no pueden modificarse. Nuestro *Ser* es perfectamente moldeable y esto, desde luego, puede constituir un arma de dos filos: el que es honesto puede acabar siendo corrupto casi sin darse cuenta pero, a la vez, el que es corrupto puede volverse honesto si así lo desea, casi en forma instantánea.

Nuestros hábitos hacen que seamos como somos y, a la vez, el ser como somos determina nuestros hábitos. Esto puede verse como un círculo virtuoso o como un círculo vicioso. Lo extraordinario radica en saber que, al menos mientras habitemos en estos cuerpos, tenemos la habilidad de poder romper esos círculos –sean virtuosos o viciosos– con sólo desearlo, y cambiar nuestra forma de actuar; eso nos permitirá adquirir nuevos hábitos y nuevas virtudes. Resulta de suma importancia observar la relación intrínseca que existe entre los hábitos y las virtudes, así como advertir que unos conllevan a las otras en ambos sentidos. Vemos pues que tanto virtudes como defectos funcionan a distintos niveles, pero están íntimamente ligados.

Las virtudes pertenecen al *Ser* pues más que simples hábitos, son una especie de conclusión o síntesis de ellos y no implican actividad alguna ni requieren del tiempo o del espacio para existir: son hábitos en sí mismas. Pertenecen también al *Hacer* puesto que implican actividad y se dan en el tiempo y en el espacio.

Puede afirmarse también que los hábitos en ocasiones llegan a formar o a destruir virtudes, y que las virtudes a su vez pueden manifestarse a través de los hábitos. Es por ello que debemos vigilar muy de cerca nuestros hábitos y aprender a moldearlos, pues ésta es la clave para lograr cambiar nuestro *Ser* en breve tiempo, para bien o para mal.

Emplea al máximo el tiempo en que aún cuentas con el cuerpo que te permite actuar, para perfeccionar tus hábitos y mejorar tu *Ser*. Hoy tienes la oportunidad de hacerlo y lo sabes; mañana, ni tú ni yo sabemos. Recuerda que el cuerpo es tu medio de acción, sin el cual es muy probable que no puedas interactuar en el mundo del *Hacer* ni en el mundo del *Tener*. Aprovecha la gran ocasión de contar con este vehículo para mejorar tu *Ser* desde ahora. De todas las formas de vida existentes, nosotros tenemos la fortuna de poseer el medio más perfecto y complejo para interactuar y mejorar. ¿Qué daría cualquier animal o cualquier planta por contar con nuestro cuerpo? Beneficiate con él ahora. La vida parece larga, pero en realidad no es más que un abrir y cerrar de ojos, no es sino el primer centímetro de la carretera.

A propósito de virtudes y defectos, vale la pena detenernos a pensar que debemos ser cuidadosos en relación con nuestros juicios hacia otras personas y con los que ellos hacen de nosotros. ¿Cuántas veces no hemos pensado que determinada persona es holgazana y que nada ni nadie podrá cambiarla puesto que ya es así? ¿O mentirosa, desordenada, irresponsable y tantas cosas más? ¿No pensarán lo mismo de nosotros? ¿Que ya no podemos cambiar porque somos así? Esto es completamente falso y la gente que lo comprende, sabe que los que la rodean son susceptibles de mejorar y de crecer si alguien los ayuda a superarse. ¿Con qué frecuencia hemos oído a una persona asegurar que uno de sus subordinados es incapaz e irresponsable y, al haber un cambio de jefe esa persona destaca? ¿O maestros que dicen que un niño es flojo, e incluso tonto, y con el siguiente maestro ese mismo niño sobresale? Esto significa que hay personas capaces de ayudar a corregir los malos hábitos y de convertirlos, a base de esfuerzo y constancia, en sus virtudes correspondientes. Personas que logran convertir a seres mediocres en individuos notables. Además de la satisfacción que da un logro semejante, con toda seguridad esas personas estarán muy agradecidas y dispuestas a corresponder de la misma forma.

Cuando alguien te desagrade o te moleste con su actitud, te sugiero que analices la causa por la cual te ocurre esto y busques cuál es el problema. De esta manera podrás entenderlo mejor y no adoptar una actitud crítica, defensiva o de enojo; pero, sobre todo, serás capaz de ayudar a esa persona para que logre ver su defecto e intente corregirlo. Habla con ella a solas, explícale lo que percibes con sinceridad y deseos de ayudar. Lejos de molestarse, te lo agradecerá y tú sentirás que contribuiste a su superación. No te permitas sentir que alguien te desagrada o te cae mal sin que hagas algo positivo al respecto.

Qué distinto sería el mundo si cada uno de nosotros comprendiera que al ayudar un poco, todos podemos mejorar. De alguna manera es nuestra obligación colaborar para que quienes nos rodean desarrollen al máximo todo el potencial de su *Ser*; esto es, hacer que crezcan junto con nosotros para nunca dejarlos atrás. Recuerda, basta con cambiar un hábito en ti o en otra persona para que surja una nueva virtud. Nadie puede coartar el crecimiento de tu *Ser* excepto tú mismo; en realidad no existen límites externos para ti.

Con el objeto de clarificar los conceptos de virtud y carencia, para que puedas llevar a cabo tu ejercicio, a continuación aparecen enlistadas algunas virtudes del *Ser* con sus correspondientes opuestos aproximados. Estas listas son limitadas, se dan sólo a manera de ejemplo, ya que podrían ser interminables. Tú puedes agregar en ellas todas las virtudes y opuestos que desees. Asegúrate de que pertenecen al *Ser* preguntándote si podrás o no llevártelas al morir.

VIRTUD	OPUESTO
Alegre	Triste
Cariñoso	Distante
Compasivo	Cruel
Bueno	Malo
Calmado	Tenso
Caritativo	Egoísta
Coherente	Incoherente
Comprensivo	Incomprensivo
Confiado	Desconfiado
Creativo	Destructor
Dichoso	Desdichado
Esperanzado	Desesperanzado
Espiritual	Materialista
Feliz	Infeliz
Fuerte	Débil
Honesto	Deshonesto
Humilde	Soberbio
Íntegro	Corrupto

Inteligente	Tonto
Misericordioso	Despiadado
Ordenado	Desordenado
Paciente	Impaciente
Pacífico	Belicoso
Sabio	Ignorante
Sensible	Insensible
Sincero	Falso
Tolerante	Intolerante
Tranquilo	Irritable
Valiente	Cobarde
Veraz	Mentiroso

Cuando tú lo juzgues pertinente lleva a cabo el ejercicio y una vez que hayas terminado de definir el perfil de tu *Ser*, modifica tus hábitos y comienza a trabajar para ser como quieres a partir de hoy. No dejes de hacerlo hasta que logres cambiar las costumbres negativas y te conviertas en una persona totalmente nueva, tan diferente y perfeccionada como hayas decidido ser. Se dice que un mal hábito desaparece después de catorce días de no repetirlo, y uno bueno se forma al repetirlo catorce días consecutivos. En realidad es fácil cambiar de hábitos. ¡Es cuestión de un par de semanas, no de toda la vida!

Pensemos, por ejemplo, en una persona que por vez primera se lanza en un trineo por la nieve. En esa ocasión, el trineo tiene que abrir un camino al tiempo que se desliza. Si en adelante esa persona decidiera seguir varias veces el mismo recorrido, el camino ya estaría trazado, y cada vez resultaría más fácil hacerlo, al grado de que llegaría un momento en que el trineo seguiría su camino prácticamente solo. Como en el inicio de cualquier hábito, esa persona decidió recorrer el mismo camino varias veces, en forma consciente. Del mismo modo, en un principio, el hábito se forma al repetir en forma consciente una misma actividad, hasta que ésta repetición se vuelve automática y casi independiente de la voluntad del individuo. Este es el caso de un fumador cuando consume sus primeros cigarros. El cambiar un hábito es tan sencillo como abandonar el camino rutinario y llevar el trineo a una montaña diferente e iniciar así una nueva ruta y un nuevo hábito.

Desde luego, cada uno es libre de elegir lo que quiera para que forme parte de su *Ser*, de tal forma que también podrían elegirse aspectos negativos. Considero que esto no es lo más adecuado, ya que en la vida nuestros actos reaccionan como un bumerang: el que hace cosas buenas a los demás, recibe cosas buenas; el que daña, resulta dañado. No es casual el dicho: "El que a hierro mata, a hierro muere". Pero, además del efecto de bumerang, pienso con toda sinceridad que es más feliz el que da que el que recibe. Entre más demos más tendremos.

Conserva todas las conclusiones que hayas extraído de este capítulo, con el objeto de que en el siguiente elabores un plan estratégico de seguimiento con metas a largo, mediano y corto plazo.

Objetivos del *Hacer*

Una vez que hayas definido el perfil ideal de tu *Ser*, analiza con todo detenimiento cuál es el camino del *Hacer* que te llevará con mayor rapidez y en línea recta hasta lo que quieres *Ser*. Hay muchas vías, pero sólo una de ellas es la más corta y la más rápida. Esta es la que debes encontrar, la más corta y la más rápida, ya que es la única que te permitirá que de inmediato comiences a realizarte con plenitud, con el objeto de que encuentres la actividad ideal para tu desarrollo. Te sugiero que partas de cero. Imagina que no tienes ninguna limitación, que no existe nexo alguno con lo que haces en la actualidad; piensa que eres un ser humano nuevo que acaba de llegar al país y no tiene ninguna responsabilidad familiar o laboral. A continuación, pregúntate: si no estuviera en mi actual trabajo, si careciera de amigos o si sufriera un accidente que me causara amnesia y olvidara todas mis circunstancias y mi pasado:

- ¿Cómo me gustaría vivir mi vida? **LRA**...
- ¿Qué desearía hacer de mi existencia a partir de hoy? **LRA**...
- ¿Qué actividad elegiría, partiendo del supuesto de que fuera borrón y cuenta nueva? **LRA**...

Es de la mayor importancia que en un principio tu respuesta no se relacione en nada con tu vida actual, ya que luego compararás y sacarás tus conclusiones, verificando si en esencia hay algo distinto entre lo que te gustaría estar haciendo y lo que haces hoy en día.

Toma muy en cuenta lo que pensaste cambiar en tus últimos treinta días de existencia e intégralo a tu nuevo plan de vida. Nadie nos asegura que vayamos a vivir más de un día, por eso es esencial vivir cada día como si fuera el último de nuestra vida.

Te sugiero releer una vez más todo lo que escribiste; a continuación, anota en el *Hacer* todos los cambios que debas introducir en la acción para llegar a ser, cada día más, el que quieres llegar a *Ser*.

Piensa que tus acciones deben hacerte sentir verdaderamente apasionado y entusiasta; en realidad tu pasatiempo principal puede ser tu trabajo. Reflexiona sobre las personas que llegaron lejos en la vida, Einstein, Beethoven, Aristóteles, Pitágoras... Todos ellos tienen algo en común con otros genios: todos ellos amaron su trabajo. De una manera real y genuina se entregaron a él con pasión, sin siquiera darse cuenta del paso del tiempo, absortos en sus quehaceres. Puede decirse que su trabajo constituyó su vida entera.

Se dice que es mucho más feliz un técnico, una secretaria o un obrero que se siente realizado que un profesionista mediocre y frustrado.

Es, pues, muy necesario que tu labor llene tu vida y no te agote; esto se consigue cuando uno hace lo que en verdad le gusta y lo realiza. Pero es importante que verifiques que esta ocupación –que te interesa y apasiona– sea la que en realidad te llevará más rápido a tu realización como *Ser*. Es un hecho que la labor más adecuada para lograr más rápidamente la realización de tu *Ser*, te apasionará y te hará sentir más feliz y lleno de energía, sin ningún cansancio. Sin embargo, esto no quiere decir que cualquier actividad que te interese y apasione será la que te lleve más pronto a la realización de tu *Ser*. Tienes que elegirla con detenimiento, sabiduría y reflexión; de eso depende tu felicidad para *siempre*. Mi padre solía decir que el trabajo no es un castigo sino una bendición de Dios. Yo, en lo personal, creo que así es, siempre y cuando uno haga lo que realmente le gusta y lo que más lo realiza como ser humano. Incluso la remuneración económica que recibas por tu trabajo será más cuantiosa cuando estés haciendo lo que en verdad te agrada y pongas todo lo mejor de ti en su realización. El dinero viene como recompensa por el trabajo, sobre todo cuando éste es bueno. Por lo regular, el trabajo es mejor cuando se hace con alegría y placer; es raro que resulte muy bueno un trabajo hecho con desgano y pereza.

Actúa con cautela pues es muy probable que en el proceso de seleccionar tu actividad puedas resultar engañado por tu propia mente, que inconscientemente tiendas a elegir aquello que menores consecuencias traiga a tu vida, tal vez lo que implique hacer menos cambios. Debes tener la disposición plena para cambiar tu vida entera, tu existencia cotidiana. Recuerda, debes partir de cero. Por el momento no tomes en cuenta el factor económico, deja esto para el final. Será entonces cuando deberás analizar en forma creativa cómo puedes ganar suficiente dinero haciendo lo que te realiza como *Ser* humano.

Date permiso de soñar y de ser libre para escoger tu actividad sin ponerte limitación alguna. Elige aquella que te dará las máximas satisfacciones y la mayor realización como individuo. ¡Atrévete a cambiar!

Una vez que hayas decidido cuál es tu actividad ideal, compárala con la actual y advierte cuáles son las diferencias esenciales entre ellas; analiza lo que piensas sobre cada una de ambas actividades. Reflexiona con gran profundidad acerca de tu actividad ideal: ¿es la que te llevará en forma más rápida a lograr tu autorrealización?

A continuación, después de haber examinado con todo detenimiento tu elección, decide con objetividad si vale la pena el cambio de tu actividad actual por la ideal. Emplea todo tu valor para decidir con autenticidad, no te vayas por la vía fácil sino por el verdadero camino de tu realización. Cuando hayas llegado a una conclusión sobre este punto, procede a tomar en cuenta el factor tiempo: *tu* tiempo.

Recuerda que el *Hacer* se da en la dimensión del tiempo y del espacio y que, a menudo, nos entusiasmamos con una labor y le dedicamos demasiado tiempo, mientras descuidamos otros aspectos muy importantes de nuestra vida; en ocasiones hasta necesidades vitales. Es fundamental que separes el tiempo que éstas requieren, así como tus obligaciones sociales y familiares, y de antemano les destines sus horas. Así podrás saber con exactitud de cuánto tiempo dispones para dedicar al desarrollo del *Ser* sin afectar las otras áreas. Como tú sabes, el hombre funciona por ciclos. Cada día actúan sobre nosotros los ciclos circadianos que son de 24 horas, divididos en tres partes: ocho horas para trabajar, ocho para esparcimiento y ocho para dormir. Desde luego esto puede alterarse, aunque sin forzar demasiado el cuerpo o la mente, para evitar que dejen de funcionar en forma plena.

Te sugiero que realices una operación gráfica muy práctica: haz una resta tomando como base 24 horas, ve sustrayendo las horas que empleas en dormir, bañarte, comer, transportarte, etcétera. A continuación quita las horas que quieres dedicar a tu familia y a tu diversión. Al final te quedarán las horas para trabajar en el desarrollo de tu *Ser*, que desde luego deberán tener una remuneración adecuada para que puedas vivir bien.

Ejemplo:

24 (horas del día)
- 8 Descanso
- 1 Baño y necesidades fisiológicas
- 1/2 Ejercicio físico
- 1 1/2 Alimentos
- 1 Transporte
- 1 Familia
- 2 Diversión

8

Habrás advertido en el ejemplo que restan las ocho horas que corresponden al trabajo. Desde luego puedes ampliarlas; en tal caso decide ahora mismo a qué otra actividad le quitarás tiempo. Señala bien tus prioridades y determina qué es lo más importante, ya que tal vez muchos de nosotros dedicamos demasiado tiempo a ciertas actividades e involuntariamente sacrificamos otras.

Este ejercicio te permitirá ver en forma gráfica y clara la programación de tu tiempo. Sería interesante que compararas el esquema actual de tu tiempo con el que consideras tu ideal. Aprovecha esta oportunidad para analizar cada una de tus actividades diarias en las diferentes áreas, con la finalidad de que puedas mejorar en todas ellas. En cada una puedes y debes desarrollar tu *Ser*, no sólo en el trabajo, también en tu convivencia familiar, en tus pasatiempos y diversiones, así como en todas las actividades que realizas.

El cambio no tiene que venir de la noche a la mañana. Toma tu tiempo y planea tus objetivos en el *Hacer*, en sus diversas áreas: trabajo, familia, diversión, etcétera, a corto, mediano y largo plazo. En forma individual deberemos precisar lo que cada plazo significa para nosotros. Mientras defines tu sistema, yo te sugiero que consideremos el corto plazo como el inmediato, es decir, las metas a lograr desde ahora; el mediano, aquéllas a lograr antes de dos años, y el largo, en cinco años o más.

Haz que el cambio sea armónico y ordenado, que tenga la coherencia requerida para no destruir sino construir; para no quemar el pasado sino edificar tu futuro sobre él. Pero por ningún motivo admitas darle largas inútiles al cambio, no permitas que se prolongue el proceso en forma innecesaria, ni que por desidia o indiferencia queden sin ejecución los planes para lograr tus metas y objetivos. Sé fuerte, ordenado, valeroso y disciplinado para cumplir tus proyectos.

Es muy importante ejercitar la capacidad para lograr hacer o tener en la realidad, lo que decidimos hacer o tener mentalmente; esto es, la capacidad de materializar nuestro pensamiento. Recuerda que todo lo que existe en el mundo, creado por el hombre, fue concebido primero en la mente de las personas. Piensa que todos los inventos que han resultado en beneficio del progreso del género humano fueron primero imaginados y después plasmados en la realidad. Cuentan, por ejemplo, que cuando le preguntaron a Miguel Ángel cómo hacía para esculpir tan bellas figuras, él respondió: "Es muy sencillo, cuando me traen el bloque de mármol, imagino y visualizo en él la figura, después simplemente le quito lo que le sobra".

Es importante, entonces, que en primer lugar seamos capaces de crear nuestros objetivos y, en segundo lugar, hagamos que éstos se conviertan en realidad, ya que Dios nos dio la capacidad para materializar nuestras ideas y deseos.

El doctor José Silva, creador del Método Silva, propone una técnica como parte de su curso de meditación dinámica creativa, para que se materialicen los deseos; afirma que para que eso ocurra tienen que existir el deseo, la creencia y la expectación.

DESEO: A diferencia de simplemente querer algo, el deseo implica emoción y muchas, muchas ganas de conseguirlo. El deseo es la fuerza que mueve o impulsa.

CREENCIA: Creer que el deseo puede obtenerse, que es factible. Es la fuerza que nos mantiene, como la constancia.

EXPECTACIÓN: Estar ya esperando que se realice el deseo con la certeza absoluta de que pronto será realidad. Es la fuerza que atrae, pues nos hace estar atentos a cualquier información relacionada con el deseo.

Te sugiero tomar en cuenta estos tres puntos a la hora de fijar tus objetivos. Realmente considero que son indispensables para su logro.

Una vez que te hayas planteado los objetivos, diseña un proyecto en el cual anotes todo lo necesario para que puedas lograr seguir y obtener lo que te has propuesto. Este proyecto deberá incluir tus objetivos y subobjetivos (es decir, los puntos relacionados con cada uno de los objetivos), fechas de cumplimiento, puntos y fechas de verificación (los momentos en los cuales deberás examinar si hay o no desviaciones de los objetivos y subobjetivos). Estos puntos de verificación son como los del piloto que sabe que quince minutos después de despegar deberá cruzar un río, siempre y cuando haya seguido la dirección y la velocidad previstas. Cuando lo cruza a tiempo, sabe que no hay problemas y que puede continuar hasta el siguiente punto de verificación, y así sucesivamente. Sin embargo, si no lo cruza, comprende que hay un problema que debe corregir de inmediato para evitar una mayor pérdida de tiempo y combustible. Entre más frecuentes son los puntos de verificación, menos graves son las consecuencias de las desviaciones.

Resulta entonces de suma importancia que si encuentras desviaciones de tu plan original, las rectifiques en breve y revises tus puntos de verificación, ya que entre más rápido corrijamos los errores, más pronto alcanzaremos nuestro objetivo. Es como cuando vamos por una carretera hacia un cierto punto y nos desviamos equivocadamente en una bifurcación; entre más pronto nos demos cuenta del error y lo corrijamos, menor será el retraso. De ahí la importancia de verificar de manera constante y de no permitir que pase el tiempo cuando encontramos una desviación: mientras más tiempo pase las desviaciones serán más graves y menos fáciles de corregir. Unos minutos de frecuente verificación pueden impedir el desperdicio de muchos meses, incluso de años.

Con el fin de aclarar aún más lo relativo a objetivos, subobjetivos y puntos de verificación, podemos valernos de la siguiente analogía. Piensa que quieres hacer una cadena de treinta centímetros de longitud, con eslabones de un centímetro cada uno. Lo primero que tendrás que hacer es imaginar la cadena ya terminada y visualizar cómo se verá (éste sería tu objetivo); debes plantearte asimismo el tiempo que te llevará formar la cadena. Como segundo paso, tendrás que imaginar cómo será cada uno de los eslabones, partiendo de la base de que todos son diferentes (éstos serán los subobjetivos). Deberás, enseguida, asignar tiempos de fabricación y unión de cada eslabón (estos tiempos representan tus puntos de verificación, en los que irás comprobando que el trabajo marcha a tiempo y en forma correcta, lo que te permitirá reconocer las desviaciones y corregirlas oportunamente). Ir cerrando cada eslabón te producirá una gran satisfacción y te dará nuevas energías para continuar con el siguiente, sobre todo cuando lo hagas dentro del tiempo previsto. Es fundamental no dejar eslabones abandonados o pendientes de cerrar, pues esto puede convertirse en una preocupación inconsciente que frenará tu energía. Por ello es tan importante que termines todo lo que empieces y nunca lo dejes inconcluso.

Recuerdo que cuando era pequeño, los domingos mi madre nos daba dinero para dulces. Hacía esto tomando en cuenta nuestras resoluciones: cada semana teníamos que anotar en una lista lo que más trabajo nos costara hacer y proponernos llevarlo a cabo todos los días. Era una lista en donde aparecían las resoluciones de un lado; en el otro había siete espacios– uno para cada día de la semana– para poner una marca una vez que se cumplía el propósito. Esto nos permitió aprender a fijarnos objetivos y a cumplirlos.

Para dar seguimiento a tu plan, es importante trabajar con una especie de formato de resoluciones. A éste podríamos llamarlo planeación y control de actividades. Al final del capítulo encontrarás una propuesta de esta forma gráfica, puedes usarla si así lo deseas o diseñar la tuya propia.

Será muy positivo que en cada uno de tus puntos de verificación, te imagines a ti mismo en el momento en que estás logrando tu objetivo. Esto favorecerá tu esfuerzo y energía para conseguirlo. Si lo consideras conveniente, coloca en algún lugar visible la fotografía de un objeto relacionado con tu ideal o meta, para que te sirva como punto de referencia.

Sé constante y tenaz en la ejecución de tus planes y asegúrate de que cada uno de tus días te esté llevando directa y rápidamente a obtener lo que deseas.

No te limites en lo que decidas *Hacer* o *Tener*. Puedes llegar a *Hacer* o *Tener* lo que tú necesites, basta con desearlo, imaginarlo, creer que lo puedes obtener, convencerte de que lo lograrás, trazarte un plan para conseguirlo y poner en ello tu constancia, tu dedicación y tu esfuerzo.

Después de haber definido con claridad y precisión la totalidad de tus objetivos en todas las áreas del *Hacer* y sus puntos de verificación, procede al análisis en el área del *Tener*, pero sólo si estás completamente satisfecho con tu planeación en el *Hacer*.

Objetivos del *Tener*

Ya que hayas definido perfectamente lo que tienes que *Hacer* para llegar a *Ser* como deseas, reflexiona sobre lo que necesitas *Tener* para *Hacer* lo necesario y *Ser* quien quieres. Una vez más te pido que partas de cero, olvidando las cosas que tienes hoy. De momento es fundamental que empieces como si no tuvieras nada, absolutamente nada más que el dinero suficiente para comprar lo que te hace falta. De este modo, asumiendo que en estos momentos no tienes ni esposo, ni hijos, ni familia, ni casa, ni automóvil, ni nada, inicia una reflexión sobre las cosas que consideres importante *Tener* para llegar a *Ser* lo que te has propuesto. Decide cuáles de ellas serán los mejores medios para lograr tus fines a través del *Hacer*.

Comienza por enumerar lo rigurosamente indispensable para que puedas vivir en forma cómoda y tranquila. Luego anota todo lo que necesitas para cumplir con tu trabajo. Haz una lista con las cosas que requieres a corto, mediano y largo plazo. Más adelante hablaremos sobre el matrimonio y la familia. Ahora te pido que te concentres básicamente en las cosas materiales del *Tener*.

Examina con detenimiento cada una de las cosas que anotas, verificando si en realidad son importantes para lograr tus fines. Empieza por lo esencial para vivir y continúa, en orden descendente de importancia, con los medios para lograr tus fines. Se vale todo, no importa lo costoso o inaccesible que pueda parecerte el conseguirlo, siempre y cuando te sirva para realizar tu *Ser*.

Anota todo lo que te parezca útil e importante para lograr tus objetivos del *Ser* y del *Hacer*. Hazlo en dos columnas, una para las cosas que necesitas y aún no tienes, y otra para las que ya tienes. En cuanto hayas terminado revisa una por una las cosas que requieres para lograr tus fines, así como la lista de las que ya posees y felicítate por contar con ellas. Si quieres da gracias a Dios por habértelas dado ya o por haberte ayudado a conseguirlas. Después concéntrate en lo que todavía no tienes y revisa su orden de importancia, reasignando prioridades. Enseguida convierte las cosas que te hagan falta en objetivos o metas a lograr, separándolos en tres grupos: corto, mediano y largo plazo. Trázate un plan con subobjetivos y puntos de verificación, que incluya los tiempos estimados para conseguirlos.

No te olvides de tener deseo, creencia y expectación, y verifica constante y periódicamente los avances que vas obteniendo.

Cuando hayas terminado, continúa.

Existe una línea muy tenue entre lo que realmente te es útil y necesario y lo que no lo es. Desde luego, entre más útiles son las cosas, más se justifica el poseerlas, pues de alguna manera podemos decir que las cosas son más bien medios que fines, de acuerdo con su mayor utilidad para la realización de nuestro *Ser*. Y al hablar de utilidad no descartamos las cosas o medios que pueden ser útiles para nuestra diversión, siempre y cuando estos medios se orienten hacia la realización del *Ser* a través de la diversión adecuada, y tengan una justificación en términos de costo, beneficio y frecuencia de uso.

De otra forma, estos medios de diversión se convierten en preocupaciones y angustias; consciente o inconscientemente nos crean más problemas que las satisfacciones que nos proporcionan. Debido a ello mucha gente que posee gran cantidad de cosas para su diversión, termina hastiada de ellas. Un caso extremo es la familia que posee una casa en la playa, pero raramente la ocupa. Quienes en realidad lo hacen son los amigos. Los dueños, cansados de sostener esta situación, de todos modos no se deciden a deshacerse de la propiedad debido a las escasas ocasiones en que disfrutan la casa; es obvio que esto representa más un problema que una satisfacción. Vemos, entonces, cómo la filosofía del *Tener* como medio, siempre y cuando se justifique, no se establece por justicia social sino por autoconveniencia. Sin embargo, curiosamente, al aplicar esta filosofía la justicia social podría darse con mayor naturalidad, ya que cuando la gente no trata de poseer por poseer, está más abierta a cooperar con los demás. Si la gente se deshiciera de sus pertenencias inútiles, posiblemente tendría dinero de sobra para ayudar a los demás y obtener a cambio una vida más feliz y menos egoísta.

Resulta ideal para todos no tener cosas arrumbadas que carecen de un uso específico. Hay que deshacerse de ellas de inmediato, pues representan un desperdicio. Es mejor venderlas o regalarlas con el objeto de que alguien las emplee en forma provechosa. No atesoremos cosas por el hecho de atesorar. No debemos permitir que la flojera o un cierto sentimentalismo nos hagan guardar cosas inútiles, pues en el fondo, nuestra mente carga con ellas en forma inconsciente como un inventario inservible, al que sin saberlo le estamos dedicando parte de nuestra atención. Un ejemplo de lo anterior son los guardarropas de algunas personas que acumulan prendas de vestir por años y años; sus dueños nunca van a usarlas, pero ni las venden ni las regalan: les duele deshacerse de ellas. No hay como tener sólo aquello que necesitamos o vamos a usar; esto se refiere a todos los campos: ropa, vehículos, propiedades, etcétera. Es muy grande la sensación de bienestar y de alegría que se experimenta cuando se sabe que sólo se tiene lo que se usa y lo que se necesita. Desde luego esto no implica que no podamos tener, por ejemplo, nuestros ahorros invertidos en un banco para cuando se presente un imprevisto o nos hagan falta. O que un empresario pueda conservar acciones de compañías como inversión o como medio de realización de su *Ser*, y no con el simple fin de tenerlas.

Te propongo a continuación el siguiente ejercicio. Si puedes hacerlo en este momento, mejor aún. Ve a tu clóset; ahí, de pie frente a él, analiza cada una de las cosas que hay y recuerda cuánto tiempo hace que no las usas. Es probable que te sorprendas de la cantidad de objetos que guardas y que no te son de ninguna utilidad. Toma tu tiempo para sacar lo que no uses y regálalo o véndelo. Sentirás un descanso y un alivio difíciles de explicar. Deshacerte de tu inventario inservible será como si recobraras energías, como si te quitaras un peso de encima.

En la medida en que lleves esto a cabo con cosas más importantes, te sentirás todavía más ligero y libre. Te sugiero que tomes tu tiempo y hagas una lista-inventario de todo lo que posees, sin llegar al extremo detalle. Una vez terminada la lista, procede a evaluarla y decide cuáles de esas cosas ya no te son verdaderamente necesarias. Traza un plan adecuado para deshacerte de ellas. No dejes correr el tiempo, actúa de inmediato y hazlo. Pueden ser cosas de todo tipo: ropa, aparatos domésticos, libros, utensilios de cocina, muebles, vehículos, propiedades... Te sentirás mejor en todos sentidos.

Una parte significativa del *Tener* es el matrimonio, que se ubica en este renglón porque al morir no te llevarás contigo a tu compañero. Tal vez sea tuyo su recuerdo, ya que no poseemos a la persona, sólo nuestra relación con ella. Por lo tanto, no pertenece al *Ser* y, como no es una actividad, tampoco corresponde al *Hacer*.

A mí me gusta pensar en el matrimonio como dos personas que deciden recorrer y compartir el mismo camino juntos, gozando mutuamente de su compañía mientras alcanzan su meta común.

Es como si los dos hubieran decidido en forma individual e independiente que quieren ir de la ciudad de México a la ciudad de Nueva York por carretera. Como ambos decidieron ir a Nueva York por carretera y además se caen bien y se agradan, optan por irse juntos en el mismo automóvil. De esa forma el uno tiene al otro, pero no como posesión en el sentido de ser dueño de aquél, sino como poseedor de su compañía.

En el matrimonio se supone que ambos decidieron ir hacia el *Ser* por el mismo camino, uniendo así sus vidas en el tiempo para viajar juntos hacia su destino. Pero, ¿qué sucede cuando después de algún tiempo uno de los dos decide cambiar su destino o meta en lo que se refiere al *Ser*? Digamos que a medio camino uno de los dos determina que ya no quiere ir a Nueva York sino a Los Angeles. En este caso es probable que ocurra una de tres posibilidades: 1) el primero convence al otro de ir a Los Angeles; 2) el segundo convence al primero de seguir hacia Nueva York; 3) los compañeros de viaje terminan separándose, ya sea discutiéndolo en forma razonada e inteligente, o bien, debido a los pleitos y fricciones que surgen en el camino. Seguir juntos la travesía se volverá una situación insostenible, el viaje se hará insoportable aunque sigan queriéndose mucho, ya que apenas uno de los dos se distraiga un poco, el otro intentará desviar el rumbo. En cambio cuando los dos persiguen la misma meta o el mismo destino, ambos viajeros se complementan y enriquecen mutuamente. Mientras uno maneja, el otro ve el mapa y se preocupa por guiarlo y advertirle de cualquier peligro. Lo mismo sucede en la vida real cuando los dos tienen idéntica meta en el *Ser,* de forma que la comunicación es preciosa y las fricciones son mínimas, pues lo que le conviene a uno también le va bien al otro. Sin embargo, cuando las metas se separan la comunicación se interrumpe: lo que a uno beneficia, daña al otro y viceversa. A la larga los miembros de esta pareja deberán identificarse en sus metas o apartarse el uno del otro, ya que pueden violentarse y perderse el respeto, lo cual resultaría dañino y desgastante.

Cuando comienzan a surgir las discusiones y los pleitos, lo importante es analizar si en el fondo se está presentando este cambio de metas o si desde un principio no existía afinidad en los objetivos finales.

Estos momentos son ideales para reestablecer acuerdos sobre los objetivos finales o asignarlos por primera vez, si aún no se había hecho. En la mayoría de los casos los esposos ignoran qué es lo que les esta pasando como pareja, pues muchos de ellos ni siquiera saben quiénes son ni qué quieren como individuos. Cómo van a tener clara la meta del *Ser* en común si no han logrado ver con nitidez ni su propia meta individual. Viene la separación y cada uno de los cónyuges considera que el vacío que siente se debe a su compañero. Más adelante se darán cuenta de que el vacío es peor, pues en ocasiones no logran encontrarse consigo mismos, aferrados a la creencia de que el problema es externo, cuando la mayoría de las veces está dentro de uno mismo por falta de metas precisas, especialmente en el *Ser,* y por la confusión del *Ser* con el *Tener.*

Cuántas parejas hay que se casan por amor, pero sin conocer realmente los ideales y las metas del *Ser* de cada uno. El resultado es que uno va hacia un lugar y su compañero hacia otro diferente. La mayor parte de las veces estas personas ni siquiera llegan a darse cuenta de lo que sucede hasta que tienen que optar por la separación, aun a pesar de haberse amado y de ser compatibles en educación, religión, intereses y muchas cosas más.

Un fenómeno frecuente que se observa en nuestros días es que las mujeres cambien inconscientemente de objetivos, una vez que sus hijos llegan a la adolescencia y de alguna manera se independizan psicológicamente. Esto le deja más tiempo libre a la madre y permite que afloren en ella nuevas inquietudes existenciales que quizá nunca antes había tenido, al menos con esa intensidad. La mujer, entonces, vuelve los ojos hacia su interior y desarrolla preocupaciones y deseos nuevos. Es curioso que en muchas ocasiones esta situación de la mujer coincide con la época en que el hombre está más concentrado en su trabajo y en sus logros materiales. Obviamente los caminos se bifurcan: la mujer trata de desarrollar su *Ser* y el hombre se dedica por completo al *Tener*. Desde luego todo esto ocurre a nivel inconsciente. Para el marido la nueva situación representa un cambio imprevisto de las leyes del juego, una metamorfosis de la mujer que le es difícil asimilar. En muchas ocasiones, por más que trata, el hombre no logra comprender las nuevas inquietudes de su mujer; piensa que ya no es la misma o que está un poco transtornada. Estas situaciones han causado gran cantidad de separaciones y divorcios en la actualidad. Creo que muchos de ellos podrían evitarse si la mujer intentara explicarle al hombre sus nuevas inquietudes, si lo hiciera participar en ellas, crecer a su lado y no dejarlo atrás. Del mismo modo el hombre debería mostrar apertura, ser receptivo y evitar actitudes prepotentes.

Hemos insistido antes y lo hacemos ahora nuevamente en que la planeación debe hacerse en completa soledad. Sin embargo, una vez concluida, deberá comentarse con la pareja para pedir su opinión y saber si ambos llevan el mismo camino. Es indispensable que al final los dos estén por completo de acuerdo con el objetivo del *Ser* de ambos. Esto no significa que en el *Hacer* y tal vez en el *Tener* no puedan presentar algunas discrepancias. Es posible que así suceda, lo necesario en estos casos es que exista respeto hacia ellas. Pero, insistimos, es fundamental que ambos objetivos sean compatibles en el *Ser*, de preferencia, iguales. Por compatibles entendemos que si uno de los cónyuges se dirige a Nueva York y el otro a Nueva Jersey, la mayor parte del camino sería exactamente el mismo para los dos, aunque el destino final difiriera en unos cuantos kilómetros. Lo anterior significa que ambos podrán hacer juntos el viaje casi hasta el final.

Recordemos que los signos del enamoramiento en el matrimonio pueden cambiar o transformarse con los años. Pero la armonía, el placer de la compañía, el respeto, el cariño y muchas cosas más no se terminarán si hay afinidad en los caracteres y en las metas. Todos los factores que fortalecen la armonía de una pareja, son quizá a lo largo del matrimonio lo más importante para sostenerlo. Es fundamental que te cuestiones, si eres casado, sobre qué bases descansa tu matrimonio.

- ¿Tienen los dos una meta común en el *Ser*? **LRA**...
- ¿Han comentado y discutido estas metas? **LRA**...
- ¿Qué tan claro tienen su camino? **LRA**...
- ¿Tiene ya cada uno su plan de vida? **LRA**...
- ¿Coinciden sus planes de vida? **LRA**...

Aprovecha la ocasión para acercar más aún tus metas a las de tu pareja.

Hablemos ahora de nuestros hijos. Nosotros no somos sus dueños, pero tenemos un vínculo muy estrecho con ellos. Lo que poseemos de ellos es su compañía, un estrecho nexo familiar y la responsabilidad de guiarlos y educarlos para que avancen por sí mismos y logren salir adelante en la vida. Sin duda alguna nuestra relación con ellos contribuirá a la realización de nuestro Ser, pues la relación en sí, el esfuerzo, la paciencia, la comprensión y el amor requeridos en nuestra labor de padres, así como la enorme satisfacción que significa verlos crecer y salir adelante, son uno de nuestros máximos logros como seres humanos. De esta manera, cuando nuestros hijos tengan capacidad propia para elegir lo que quieren Ser, Hacer y Tener, habremos avanzado enormemente en la realización de nuestro propio Ser; no obstante que esto signifique dejarlos volar y perder en parte su compañía.

Como padres somos nosotros quienes marcamos con nuestro ejemplo y nuestros principios la pauta del Ser de nuestros hijos. En cierta forma, trazamos los esquemas que guiarán sus pensamientos.

Por eso, si tienes hijos, define hacia dónde los quieres conducir. Guíalos desde pequeños hacia las metas del Ser ; no permitas que se desvíen hacia el Tener como prioridad. Vigila que desde niños crezcan en su Ser. Cuida mucho el ejemplo que les das, recuerda que tú eres su patrón de conducta.

Gibrán Jalil Gibrán decía: "Los padres son los arcos que impulsan y dan dirección, y los hijos son las flechas que una vez libres vuelan por sí mismas pero sin olvidar de dónde salieron". Es importante que estemos atentos: no es posible tener las flechas pegadas al arco durante toda la vida; no debemos confundir el tener una relación con nuestros hijos con el ser dueños de ellos.

Anota en tu plan de vida los objetivos a corto, mediano y largo plazo para tu relación matrimonial y familiar. Hazlo con detenimiento y concentración.

En seguida, coméntalos con tu pareja y con tus hijos, en el caso de que estén ya en edad de poder comprender de qué se trata. De esta forma, todos juntos acordarán y aprobarán los objetivos y podrán dirigirse así hacia las mismas metas. Esto resulta fundamental para lograr la armonía familiar.

Llevar a cabo tu planeación en forma adecuada, comenzando por la definición de tus objetivos, muy probablemente cambiará en forma significativa el rumbo de tu vida. Te hará ver con mayor claridad las cosas y te ayudará a ser más consciente de que tú naciste para dominar las circunstancias; que Dios te dio la capacidad para usar todo lo que tienes a tu alrededor y para hacerte de los medios que te permitan realizarte como *Ser*. Es probable que descubras que no apareciste por accidente o por casualidad en esta vida, en este mundo, sino que tienes una misión y un propósito para estar aquí. Date a ti mismo una oportunidad. No dejes que tu vida se vuelva un incendio que no lograste sofocar por falta de tiempo. Haz una pausa, reflexiona y define. Más vale detenerse a pensar y planear, que intentar apagar desesperadamente árbol por árbol y ser consumido por las llamas.

Instructivo de la Forma de planeación y control de actividades

1. OBJETIVO GENERAL: Anotar objetivo general a lograr.

2. Nº: Anotar el número de del subobjetivo.

3. SUBOBJETIVO: Anotar el o los Subobjetivos relacionados al objetivo general.

4. RE: Anotar las iniciales del responsable si no es uno mismo o si se va a delegar trabajo.

5. CVE: Esta clave se refiere en la P a lo planeado; en esta línea se marca con una diagonal (/) cada cuadro que representa la unidad de tiempo desde que se planea iniciar la actividad hasta su fecha de terminación teórica.

   En la letra R se va marcando con una X cada cuadro en el que se va realizando la actividad conforme a lo planeado. Se marca con un 0 cuando el subobjetivo debía de estar terminando pero aún no se termina; esto implica desviación al plan original, lo que se detecta fácilmente en forma visual con este sencillo sistema.

6. %: Este símbolo se refiere al porcentaje de lo realizado. Cada rectángulo vertical representa un 25% de avance y se va tachando cada rectángulo en la medida que se va avanzando en la realización del subobjetivo.

7. Estos cuadros representan la unidad misma del tiempo. Cada cuadro puede representar un día, una semana, un mes, un año, etcétera, dependiendo de las necesidades de cada proyecto.

A continuación daremos ejemplo de aplicación de esta forma.

PLANEACIÓN Y CONTROL DE ACTIVIDADES

OBJETIVO GENERAL	Nº	SUBOBJETIVO	C V E	%	JUN 1	2	3	4	JUL 1	2	3	4	AGO 1	2	3	4	SEP 1	2	3	4	OCT 1	2	3	4	NOV 1	2	3	4	DIC 1	2	3	4
EDITAR LIBRO.	1	Recopilación de datos	P	▦		✓	✓	✓																								
			R		x	x	x																									
	2	Estructuración	P	▦				✓	✓	✓	✓																					
			R					x	x	x	x																					
	3	Revisión final de material	P	▦								✓	✓																			
			R									o	o	o																		
	4	Contactar editorial y corrección de estilo	P	▦										✓	✓	✓																
			R										x	x	x																	
	5	Edición	P	▦													✓	✓	✓	✓	✓	✓	✓	✓								
			R																													
	6	Publicación	P	▦																									✓			
			R																													

PLANEACIÓN Y CONTROL DE ACTIVIDADES

OBJETIVO GENERAL	Nº	SUBOBJETIVO	C V E	%	ENE. 1	2	FEB. 1	2	MAR. 1	2	ABR. 1	2	MAY. 1	2	JUN. 1	2	JUL. 1	2	AGO. 1	2	SEP. 1	2	OCT. 1	2	NOV. 1	2	DIC. 1	2	ENE. 1	2	FEB. 1	2
Construcción de Casa	1	Diseño y planos	P		/	/	/																											
			R		x	x	x	x																										
	2	Licencias	P						/	/	/																							
			R						x	x	x	o	o																					
	3	Obra negra	P										/	/	/	/	/	/	/															
			R										x	x	x	x	x	x	x	o	o	o												
	4	Instalaciones	P														/	/																
			R														x	x	x	x														
	5	Acabados	P																		/	/	/	/	/	/	/							
			R																			x	x	x	x	x	x	x						
	6	Entrega	P																										/					
			R																											o	o			

107

Epílogo

En una playa solitaria, hace algunos años, examiné y cambié mis objetivos. De entre ellos nació la idea de escribir un libro. Un libro que hablara sobre la necesidad de que el hombre reconsiderara el camino de su vida; un libro que ayudara a ceñir las velas, a empuñar el timón y a apresurar el rumbo, dejando a su paso una estela recta, testigo de una travesía definida y clara. Un libro que contribuyera a convertir en mariposas las orugas. Un libro que devolviera la libertad y la ilusión por la vida.

Hoy te doy las gracias por todo eso, porque al tomarte el tiempo para pensar y tener coraje para cambiar tu vida, me ayudas a mí a crecer como Ser y como hombre al lograr uno de mis más grandes objetivos; uno que sólo con tu realización puede obtener la suya propia.

Quiero felicitarte por todo el esfuerzo que has hecho a lo largo de nuestro trayecto. Espero que hayas descubierto aspectos nuevos de tu persona y sobre todo que sientas que partes con el pleno control de tu vida y de tus circunstancias. Deseo igualmente que tu perspectiva de hoy sea diferente y positiva en grado sumo. Te pido que revises tus conclusiones en forma periódica; entre más frecuentemente, mejor. Asimismo, te sugiero que a partir de hoy lleves a cabo la revisión completa de tu plan de vida, cuando menos una vez al año. Para ello intenta establecer una fecha anual e instituirla como tu viaje de planeación. Procura no cambiarla nunca.

Me complacería mucho tener noticias tuyas, saber cómo vas en tu vida y conocer tu opinión sobre el libro. Si te es posible, concédeme un poco de tiempo para darme tus impresiones sobre éste. Tus sugerencias me permitirán mejorarlo cada vez más. Puedes escribirme a la siguiente dirección:

Michel Domit Gemayel
Emilio Castelar 163
Código Postal 11560
México, D.F.

Gracias por tu tiempo y tu confianza

ESTA EDICIÓN SE TERMINÓ DE IMPRIMIR
EL 22 DE NOVIEMBRE DEL 2001 EN
IMPRESORA DE EDICIONES
Y PUBLICIDAD GRÁFICA, S.A. DE C.V.
ABASOLO 94, COL. SAN JAVIER
05400, TLALNEPANTLA EDO. DE MÉXICO